莱特兄弟

Wright
Brothers

莱特兄弟

W right Brothers

皮波人物国际名人研究中心 编著

国际文化出版公司

·北京·

图书在版编目（CIP）数据

莱特兄弟 / 皮波人物国际名人研究中心编著. --北京：国际
文化出版公司，2013.12（2024.2重印）
（名人传记丛书）
ISBN 978-7-5125-0606-0

Ⅰ.①莱… Ⅱ.①皮…Ⅲ.①莱特，W.（1867～1912）—传记
②莱特，O.（1871～1948）—传记Ⅳ.①K837.126.16

中国版本图书馆CIP数据核字（2013）第267769号

莱特兄弟

作　　者	皮波人物国际名人研究中心 编著	
责任编辑	戴　婕	
统筹监制	葛宏峰　刘　毅　刘露芳	
策划编辑	徐　峰	
美术编辑	丁鍇煜	
出版发行	国际文化出版公司	
经　　销	国文润华文化传媒（北京）有限责任公司	
印　　刷	北京一鑫印务有限责任公司	
开　　本	700毫米×1000毫米　　　16开	
	8印张　　　　　　　79千字	
版　　次	2013年12月第1版	
	2024年2月第3次印刷	
书　　号	ISBN 978-7-5125-0606-0	
定　　价	34.00元	

国际文化出版公司
北京市朝阳区东土城路乙9号　　　　邮编：100013
总编室：（010）64270995　　　　传真：（010）64270995
销售热线：（010）64271187
传真（010）64271187-800
E-mail：icpc@95777.sina.net

目录

目录

目录

爱好机械的"雏鹰"

莱特家族

　　人类飞行的千年梦想与近代科学技术的发展在 19 世纪末发生了大碰撞。莱特兄弟就是为数不多的直接感受者。

　　莱特兄弟的祖父托马斯·莱特是个虔诚的基督徒，于 1811 年搬到美国俄亥俄州代顿附近。他在那里邂逅了代顿市开拓者的后裔卡特琳娜·里德，不久之后与她走进了婚姻的殿堂。

　　1828 年 11 月 17 日，莱特兄弟的父亲米尔顿·莱特出生在印第安纳州拉什县的一幢小木屋里。

　　莱特兄弟的祖父托马斯·莱特一生从事于种植业，他对基督教的虔诚近乎疯狂。米尔顿受其父亲影响，在 18 岁那年参加了基督教联合兄弟派教会，后来他就读于神学院决心献身于基督教事业。

　　米尔顿在读大学三年级时结识了一年级的苏珊·凯塞琳，并在以后向她求婚。1859 年 11 月 24 日，米尔顿·莱特与苏珊·凯塞琳举行了婚礼，正式结为夫妻。

　　米尔顿·莱特为人正直，乐于助人，经常在附近巡回传教，深受人们的敬爱。凯塞琳精明能干，人们都称道她的贤惠。

莱特家的第一个孩子路易是1861年3月在费尔芒特附近的一个农场里出生的，而第二个孩子洛林于一年半后出生于费耶特县的祖父家里。没过多久，莱特兄弟的祖父就病逝了。

1867年，米尔顿在印第安纳州纽卡斯尔市东边5公里的地方即米尔维尔村附近买下了一个小农场。威尔伯·莱特是他们的第三个男孩，就出生在那个小农场里。那天是4月16日，因为米尔顿钦慕一位叫威尔伯·菲斯克的牧师，于是他给自己的第三个儿子取名叫威尔伯·莱特。这一年，米尔顿成了印第安纳州哈茨维尔教堂的牧师，同时还在自己曾经就读过的学院任教。1869年，他成了联合兄弟派教会的周报《宗教望远镜》的主编。在搬到俄亥俄州代顿市一年多后，他们在霍索恩街买下了一所尚未竣工的房屋，这里距离主要商业区大约有1.6公里远。

1871年8月19日，奥维尔·莱特出生了，他的名字也受到了父亲米尔顿信仰的影响，来源于一个叫奥维尔·杜威的牧师。在这之后的第三年，他的妹妹卡那琳娜·莱特也出生了。

兄弟的童年

　　莱特兄弟从小就喜欢摆弄机械，他们对机械有着特殊的喜好，时常拆拆弄弄一些"破铜烂铁"。莱特兄弟尤其对一些旧时钟、磅秤等最感兴趣。

　　威尔伯比奥维尔年长4岁，他和奥维尔都有着和自己年龄相仿的好友。在家里，奥维尔通常很听哥哥威尔伯的话。威尔伯常将街道上的破铜烂铁搬回家"研究"，奥维尔则跑前跑后，帮哥哥将这些"宝贝"搬回家里后院的小仓库。

　　有一天，母亲洗完衣服回来，一进门就皱起眉头，因为她看见满屋子散落着弯曲的铁钉、断了的发条、生锈的刀片以及一段段的铁丝，使人无从下脚。

　　就在这时候，老大路易和老二洛林放学回家了。

　　"妈，我们回来了。"

　　"妈妈，爸爸有信来了。"

　　"好。拿来给我看看。"母亲看完信，兴奋地说："你们的爸爸快回来了，预计后天就能到家。"

　　两个儿子喜鹊般欢跳着叫道："不知道爸爸会带什么礼

物回来？"母亲凯塞琳随即阻止孩子的叫嚷，小声地对他们说："别把卡特琳娜吵醒了，你们快去把威尔伯和奥维尔找回来，让他们也高兴高兴。"

过了好一会，两人陆续回家，告诉母亲，无法找到弟弟。

"这俩孩子跑哪儿去了呢？可真是怪了！嗯，我想，一定是在后面的小仓库里……"凯塞琳推测着自言自语道。她随即推开厨房的门，走到后院去，路易和洛林紧跟在后面。

走到小仓库门口，母亲把手指竖在嘴唇上，示意他们安静，然后轻轻地去叩门。"谁？"里面传来威尔伯的声音，他们果然在里面。"是爸爸！"母亲故意压低嗓子，学着他们父亲米尔顿的讲话。"哇！爸爸回来了！"威尔伯和奥维尔同时兴奋地冲了出来。

"爸爸呢？"奥维尔拉着妈妈的裙子摆了摆，仰起脸，瞪着天真的大眼睛，撒娇似的问妈妈。

母亲仍然模仿米尔顿的声音说："你们两个赶快去把屋子收拾干净。"孩子们见状，都大笑起来。

"威尔伯，我知道那一地的东西全是你的，以后再这样，我就把它全丢到垃圾桶去。你知道，爸爸后天就要回来了，要赶快把家里收拾干净，免得让他生气。"

威尔伯立刻表示歉意说："好，我马上就去，那些可都是我的宝贝呀。"

"我也来帮忙。"奥维尔跟着说。

威尔伯和奥维尔兄弟俩都喜欢机械，是得自祖父的遗传。

当年托马斯·莱特制造的载货车，既坚固又耐用，人人都称赞不已。

这两个小家伙从小就喜欢拆装一些旧的时钟、磅秤等，他们对这些东西很感兴趣。母亲凯塞琳当然了解这些，虽然口头上警告说，要把那些破铜烂铁扔到垃圾桶去，事实上，她不会这么做的。

米尔顿·莱特身为牧师，要在附近的村落巡回传教。因此他经常出门在外工作，数周才能回家小住一次。每次回家，他都给孩子们带回礼物，并给孩子讲外面的世界及各地的风土人情，深得孩子们的喜爱，难怪孩子们老盼望爸爸回家。

此时的奥维尔已经五岁了，在离家很近的幼儿园就读。在母亲面前，奥维尔每天早饭后都很快地收拾好装束，乖乖地与妈妈告别去上学。到放学时间，他也会按时回家。当妈妈问到他学习怎么样时，他总是说一切都很好，可从来没有说过具体的在校学习、生活情况。时间久了，凯塞琳越来越感到事情不是她看到的那样。

一天，母亲凯塞琳来到幼儿园，向老师了解奥维尔的表现。可老师却说自从他来过几次以后，就一直没有再见到过他，她还以为是奥维尔的母亲决定把他留在家里的呢。

理性的凯塞琳并没有马上责问儿子，而是私下里细心地观察了他两天。尾随他的行踪，她发现小儿子并没有上幼儿园，而是到离他们家不远的霍索恩街的一所房子里，去找他的小伙伴埃德温·亨利·辛斯玩耍。他们玩的东西从某种意义上说是富于"建设性的",他们摆弄得最多的是辛斯母亲的一台老式的缝纫机。

"米尔顿这次回家,得好好跟他好好商量一下如何教育孩子的问题了。5 岁的孩子不愿上学,总摆弄机械可不行。"母亲望着正在奔跑着去收拾战场的两个儿子的背影,暗暗思忖着。

7 月 4 日到了,这是美国的建国纪念日,家家户户都悬挂着国旗,到处洋溢着一片欢愉气氛。一大清早,老大路易拿了根长长的竹竿,把星条旗挑在顶端,牢牢地插在大门口。因为米尔顿今天要回来,凯塞琳正在忙着张罗,奥维尔则跟在母亲的身边转来转去。

"奥维尔!威尔伯呢?叫他去给我买点糖回来。"母亲吩咐奥维尔说。"我看他很早就出门了,不知道是到什么地方去,他没有跟我说。"奥维尔据实回答。"噢!好吧,那么,你去帮我买点糖回来。"奥维尔接过了钱,转身夺门而去。

在路上,他遇到了邻家的爱德。

"嗨!奥维尔,你上哪儿去?"爱德问他。

"妈妈叫我去买糖,因为爸爸就快回来了。你呢?你到哪儿去?"

"听说卡莫基叔叔家有一个很有趣的机器,我急着想去看一看。"

"好哇,我也要去。"奥维尔听说有趣的机器,立刻想跟着去看个究竟,这时,他早把买糖的事丢在了一边。

卡莫基先生专门替人修理各种机械，店里经常堆满了各式各样的机器，威尔伯和奥维尔就常常往那去，这是弟兄俩最向往的地方。

卡莫基先生为人和蔼，对待这两位爱好机械的小兄弟，尤其亲切，常常不厌其烦地讲解给他们听，他们也对卡莫基分外亲密。

当爱德和奥维尔走进店门，喊了一声"卡莫基叔叔"后，随即往堆满机械的屋子里跑。卡莫基微笑着说："你们自己去看吧，有不懂的地方，再来问我，当心不要把衣服弄脏了，免得回去挨骂。"

"好的。卡莫基叔叔，您忙您的吧，我们自己去看。"就这样，两个孩子流连忘返地东看看、西摸摸，转眼就近中午了。

凯塞琳正在担心着奥维尔，大门推开，丈夫回来了。凯塞琳用围裙擦干双手，接过丈夫的皮包，这时候，路易和洛林奔出房门来欢迎父亲。

"威尔伯和奥维尔呢？"父亲环顾一下四周，讶异地问道。

"别提了！威尔伯一大早就出门，也不知道跑到哪儿去了。奥维尔嘛，我叫他去买糖，竟一去不回。我正担心着呢。"凯塞琳向丈夫诉说着，她又担心丈夫会责怪她没把孩子管教好。

不料，丈夫却笑着安慰她说：

"今天是国庆节，场面很热闹，孩子们贪玩，又碰上这样的大节日，倒也怪不得他们，别担心，他们都已经这么大了，不会有什么事的。"

就在这时候，威尔伯和奥维尔相继回来了。

"你们到哪儿去了？怎么到这个时候才回来？"父亲在盘问他们，但是语气充满了慈爱和关切。威尔伯首先坦白承认说："安娜婶婶家有一架缝纫机听说出了故障，踩起来老是嘎嘎作响，我答应去看看能不能修理，刚好今天放假，我就去了。"

"修好了没有？"父亲很感兴趣地问。

"我看了老半天，没发现有什么大毛病，只是有些地方似乎生了锈，于是我就在生锈的地方涂上了一点油，这么一来，就再没有那种讨厌的声音了。"威尔伯回答说。

"嗯！原因就在此，你把它的毛病找出来了。"父亲嘉许地点头，随即转身问奥维尔说："你呢？"

"妈妈叫我去买糖，一出大门就碰到爱德，他说卡莫基叔叔家有很多有趣的机器，约我一同去看，我们到了卡莫基叔叔家，看到了不少新奇的机器，卡莫基叔叔正在忙着修理，我们就在一旁看着，一晃就快中午了，赶快买了糖奔回家，没想到爸爸已经先回来了，真是对不起！"奥维尔羞愧地回答。

"你竟然对机器也有这么大的兴趣！"父亲的语气里，同样带有嘉许的成分。不过，他随即教导他们说："无论做什么事，都得有个交代，比如说，威尔伯去替安娜婶婶修理缝纫机，事先应该跟母亲说一声；奥维尔想去看机器，应先把糖买回来，然后告诉母亲准备要做什么事。这样，做父母的才不会为你们担心，今后必须注意这一点，懂了吗？"

听了这一番慈祥的开导，小兄弟俩连连点头应允。看到父亲并没责备他们，这时，年幼的奥维尔撒着娇扑到父亲怀里。父亲一把将他高高举起，小儿子顺手摸着父亲下巴上的胡茬，咯咯地笑了。

"宝贝儿子呀，你已经5岁了，不上幼儿园行吗？"父亲将儿子放下，用手指刮着他的小鼻子亲切地问。

奥维尔瞪圆了小眼睛，望望爸爸，又望望妈妈，脸羞红了，小手不断摸着爸爸胸前的铜纽扣，忽然伏到爸爸的肩膀上，在他的耳边悄声说："爸爸，我讨厌幼儿园，我觉得每天与辛斯上卡莫基叔叔家看机器比上幼儿园有趣得多。这件事我没有事先征得妈妈的同意。我错了。"

爸爸轻轻地抚摸着奥维尔的头发，又看了看在一旁微笑着的凯塞琳，意味深长地说："爸爸妈妈希望你们长大能成为有作为的人。既然你们从小就像外祖父那样对机械感兴趣，我并不反对，不过无论做什么事，都得向妈妈说清楚。只要有道理，大人都不会反对。希望你们今后注意这一点。"

之后的午餐桌上，洋溢着一片欢愉气氛。

精巧的手艺

秋风送爽，对奥维尔来说，他即将面临最快乐的日子，因为八月十九日是他的生日，而且又是收获的季节，有各种各样的瓜果，可以饱餐一番。

有一天下午，威尔伯和奥维尔相携走向一个小山丘。那个山丘并不很高，就在他们经常放风筝的不远处，有一片丛林，这时候，有的树叶逐渐转红，色彩斑斓，景色极美。

丛林里到处是野果和松鼠，树林里有很多羽毛鲜艳的鸟类，但地上深厚的落叶堆里，也经常藏有毒蛇和昆虫。威尔伯和奥维尔不敢深入到丛林里面去，多半在外围捡拾一些掉落的胡桃，或是摘一些可以吃的其他野果。

他们把捡来的胡桃和野果包了起来，带回家去，然后分别排列起来。脑筋灵活的奥维尔问威尔伯："哥哥，我们能不能将这些硬壳的果实做成有趣的玩具？"威尔伯经他这么一提，沉吟了半晌，突然转身往仓库奔去，又一面回头对弟弟说："你等着，我去拿工具。"

不一会，威尔伯手里提着他的小小工具箱，看起来全是一些废铜烂铁，可是，他却把它当作宝贝似的。

"奥维尔！你看，我用一根铁钉钉在上面，不就成了一个陀螺了吗？"威尔伯边说边拿起一个橡实，比画给奥维尔看。奥维尔钦佩地看着哥哥在操作。陀螺很快就做好了。威尔伯交给奥维尔说："你试试看。"

奥维尔兴奋地接过这个自制的新鲜玩具，手指捏住钉子，用力旋转后往地下一放，只见它转了几圈就倒了下来。再试几遍，仍然如此。

站在一旁的威尔伯若有所悟地说："我知道了，陀螺的上部都是平的，我应该把它削平才对。"

随即他又选取了一个较大、形状较好的橡实，先用小刀将上端削平，然后再钉上钉子，改良后的陀螺完成了，他又交到奥维尔手上，让他去试转。

这下子，果然转得又快又稳，兄弟俩高兴得拍手大叫，引来路易和洛林好奇地前来看个究竟。他们也不由得赞赏了一番。

反正橡实已经捡来了一大堆，而旧铁钉又不用花钱买，于是他俩一口气做了很多陀螺，分送给邻居小朋友们，爱德是荣获这项礼物的第一人。

在冬季来临前，他们又制作了一个可以自由转向的雪橇，在雪地上能够随着自己的意愿滑行。

先是由威尔伯画了一个简单的图样，然后到卡莫基叔叔那里去讨来了一些废料。小兄弟俩就不声不响地在仓库里制作起来，其间曾经有过几次的修改，终于在冬季来临前完成了。

这一项革命性的创举，轰动了附近的村落，人人都对莱特家这对小兄弟投以羡慕的眼光，邻居们都知道威尔伯心思巧妙，手艺不凡，最喜欢创作发明；奥维尔年纪虽小，却很聪颖敏捷，也喜欢自己动手制作东西。最可贵的是，莱特兄弟间一直相亲相爱，无论做什么事都是彼此帮忙，合作无间，从不会发生争吵。

邻居们常常在凯塞琳面前夸奖这两个孩子，这使得做母亲的觉得很光彩。

有一天晚上，客厅里的壁炉中，燃烧着熊熊烈火，壁炉旁堆满了薪柴，这都是路易和洛林劈好，而由威尔伯和奥维尔两人搬进来的。

米尔顿·莱特坐在炉边看书取暖，凯塞琳坐在一旁补衣服。突然，她停下手中的针线，把邻居们夸赞孩子的话告诉了丈夫。米尔顿合上书本，微笑着说："这两个孩子都对机械有着浓厚的兴趣，最难得的是，他们俩在一起时，始终合作无间，因此才能制作出那些精巧的东西。我看，他们的兴趣，多半是来自祖父的遗传。"

他喝了一口水，又继续说下去："自从英国发明了蒸汽机及纺织机后，美国也受到了影响。70年前，富尔敦发明了汽船，从此不必靠风力也能航行了，没过多久，英国的史蒂芬孙又发明了火车。看样子，机器在未来的人类生活上，必然会占有重要的位置，这两个孩子对机械有如此浓厚的兴趣，说不定会发明出对人类有重大贡献的机器。"

"是啊！我也是这么想，这两个小家伙一有空闲，就躲在仓库里东搞西搞，不知道能不能搞出点什么名堂出来。"凯塞琳满心喜悦地附和着。

"我们应该由着他们的兴趣去发展，不要限制他们太多。不管有没有什么成就，反正也不会有什么害处。"

凯塞琳突然掉转话头，向丈夫央求着说：

"我想起了一件事，不知道你能不能答应？"

"什么事？"米尔顿一脸期待的神情。

"你的木工工具，能不能让这两个孩子用？"

"哦，你是说那些斧、锤之类的工具？……"

米尔顿平时也喜欢自己动手做些简单的木制家具，他对这套东西也当作宝贝似的，一直保管得很好，不肯让人轻易去动它。

凯塞琳看到丈夫犹豫不决的神色，于是进一步地为孩子请命，他说：

"威尔伯已经十岁，奥维尔也快六岁了，只要好好地教他们，我想他们一定会正确使用的。有时候，我看他们因为工具不齐全而愁眉苦脸的样子，实在可怜，你就答应了吧！"

"好吧！就依你的意思。"

改装运货车

冬雪渐融，气温仍然很低，过往行人缩着脖子在寒风中，踩着泥泞的路面，一高一低地，显得行色匆匆。

有两个小身影走在满是泥泞积水的街道上。较大的一个先开口说："不管怎么样，今天一定要把卡莫基叔叔的那辆破手推车买过来。"

"那辆破车放在卡莫基叔叔的店门口已经好久了，我想，他会很便宜地卖给我们的。"较小的附和着说。

由于父亲答应把木工工具箱让他们使用，他们就一心想做出一件成品来。卡莫基先生店门口的那辆破旧手推车，已经被他俩看中，而且注意了很久，今天下定决心要来向卡莫基叔叔交涉，希望弄到手，因此他们冒着寒风，踩着泥泞的道路，满怀希望地前来试探。

他俩走进店门，亲亲热热地喊了声："卡莫基叔叔,您早。"然后，四只眼睛在打量着卡莫基叔叔的神色，心中暗忖着，只要卡莫基叔叔的心情好，那么，成交的可能性就会比较大，否则的话，就改天再来。

卡莫基先生看到这对小兄弟一大早冒着寒风到他店里来，猜想又是来看他修机器的，他面带微笑摸着孩子的头，和蔼且亲切地说："这么冷的天，你们怎么这么早就来看机器了？"

　　"不是来看机器，叔叔！今天是有件事想跟您商量……"威尔伯鼓足了勇气，做了开场白，但又不知从何说起。

　　"有什么事，尽管说好了，孩子！别怕，告诉我什么事？"

　　卡莫基叔叔慈爱、关切的语气感动了两个孩子。天真的奥维尔脱口而出："叔叔，您门口的那辆车子……"说完，他伸了一下舌头，又不敢再说下去。"那车子怎么了？快说啊！"卡莫基先生是位急性子，他急于想知道下文。"这时候，威尔伯已经调整好情绪，他不慌不忙地以央求的语气说："叔叔，您放在门口的那辆车子，能不能卖给我们？"

　　"可以，可以，反正已经坏了。"

　　"我们想把它修好来用。"奥维尔补上这么一句。

　　"哦？是谁帮你们修理？"

　　"我们两个自己动手。"

　　卡莫基叔叔一脸的惊讶，随即笑呵呵地说："听说你们的祖父，就是一位制造运货车的高手。没想到你们小小的年纪，竟也有这样的想法！前次我看到你们制作的雪橇，可以任意转换方向，真是灵巧方便极了，起先我还不相信是你们两个小兄弟做的呢！你们的手艺确实不错，很多成人都还赶不上你们呢！"他停了一下，接着又说："好吧！你们现在就把它推回去吧！"

"叔叔，您要卖多少钱？目前我们身上只有几块钱，先付给您，以后等我们把车子修好，帮人家运货，赚了钱再来还清可以吗？"

慈祥的卡莫基叔叔一听这话，仰起头来哈哈大笑说："好孩子，做叔叔的能拿破车子来骗你们的钱吗？何况我常常受你们父亲的照顾，真是感激不尽。我决定把它送给你们，快把它推回去吧！"

"叔叔，那不行，白拿人家的东西，回家是会挨骂的。"威尔伯坚持不肯，接着他说，"要不然，让我们帮您做点事，算作补偿。"

卡莫基看这两个孩子这么可爱，心里着实高兴，他频频点头嘉许，并笑着说："这倒是个好主意，等你们把车修好，天气也暖和一点，你们就利用星期六的下午或是星期天，到镇上去替我收集一些人家不要的坏机器，我可以把那些损坏的缝纫机、磅秤之类的机器修好，然后便宜一点卖到乡下去，乡下人一定很欢迎的。"

"好的，叔叔，就这么说定了。"

两兄弟兴高采烈地把那辆破车推回家去了。

莱特家的后院里传来铁锤敲打的声音，两兄弟先把那辆旧车子的轮子卸下，然后将锯好的木板钉成一个没有盖的大箱子，加上一个坚固的把手，最后把车轮装在大箱子的两侧。就这样，一辆坚固、实用的运货车完成了。

"无论多么笨重的东西都可以载运，以后我们可以利用它帮妈妈做很多事了。"奥维尔看着自己动手制作的成品，无限欣喜地赞叹说。

"当然！镇上恐怕找不出比它更好的运货车了。"威尔伯自豪地说。他们花了好几天的时间，完成了这件杰作。连父亲米尔顿见了都赞叹不已，母亲更是如此。

在一个晴朗的早晨，兄弟四人推着这部"杰作"到他们曾经放风筝的草原上去"试车"。大哥让两位小工程师坐在车上，他和洛林拖着它转了好几圈。坐在车上的两兄弟，假想自己是往西部开发的篷车队英雄，踌躇满志，得意非凡。

寒冬逐渐消逝，春天的气息悄悄来临，大地披上了一层新绿，微风拂来，已不再是冰冷刺骨了，到处是虫鸣鸟叫，令人心旷神怡。

在一个晴朗的星期早晨，威尔伯和奥维尔推着他们的"杰作"走在镇上的大街上，一边吆喝着：

"收破铜烂铁了。"

"损坏的或是不要的旧机器请丢出来。"

人们好奇地开门张望，有的马上转身回去，把家里丢弃不用的破损机器放到他们的车上，心里还感激这两个孩子为他们搬走废物。

不到半天，已经装了满满的一车，车身虽然坚固，但装载的由于是金属制品，累得两兄弟满身大汗。当他们抵达卡莫基叔叔店门口时，已经气喘吁吁，精疲力竭了。

卡莫基看到两个孩子吃力地推着车子回来，立刻迎了上去，一边嘀咕着："以后可别一次载那么多，你们小小年纪，怎么推得动这么重的车子？"接着像是发现什么新事物似的，"啊！真了不起！这辆车子被你们改装得这么坚固，真是想不到！快，先到后面去洗洗脸，把手也洗干净……"

卡莫基叔叔一则高兴他们运来这么多的旧机器，同时又怜惜这两个不怕吃苦的孩子，所以话没说完就去张罗吃的东西，他知道这两个孩子一定饿坏了。

经过一段时间的休息，又填饱了肚子，两兄弟已恢复了体力，他们帮着卡莫基叔叔把车上的旧机械往店里搬。

等全部搬完后，卡莫基叔叔又再走出店门，站在车旁仔仔细细地上下左右打量着。

"嗯，做得确实很好，要不是我亲眼所见，还真不相信是你们两个孩子做出来的呢！我现在替你们在车轴上加点油。这样走起来会更灵活、更轻便。"

"谢谢您！叔叔。"

"叔叔，我们回去了。下次再来帮您运货，再见。"

望着两兄弟远去的背影，卡莫基先生颇为高兴。

特别的少年

会飞的纸蝴蝶

米尔顿·莱特牧师一年到头往来于附近村镇去传教，因此在外面的日子比在家的时候多。1878年由于他所隶属的教会扩增教堂，而米尔顿牧师也升任主教，因此他们全家暂时搬到了艾奥瓦州的塞达·雷比兹，住在该市的亚当街。

这时，17岁的大哥路易和15岁的洛林都已读高中。他们没有转学，仍然留在代顿市。

米尔顿牧师由于升任主教，薪金增加了，他已经有能力携带家眷同往新住所。因此，威尔伯、奥维尔、卡特琳娜和母亲都一起跟着前往。

这时候，威尔伯是11岁，奥维尔7岁，卡特琳娜也已4岁了。

莱特一家刚搬到新居不久就发生了一件事情。这件事不但对威尔伯和奥维尔未来的生活有着巨大的影响，而且对全世界都有着深远的意义。

米尔顿为教堂的事务作了一次短途旅行，回来时特地为两个爱好机械的儿子带回了一件新奇的礼物。

"看，这是什么？孩子们。"他对威尔伯和奥维尔说。主教的手里放着一个被手帕遮盖了的东西，然后他把礼物抛给他们。那个像蝴蝶一样有着两只大翅膀的东西并没有落进他们的手里或者掉到地板上，而是升上了天花板，在房子的上空扑哧扑哧地飞了好几圈才落下来。

威尔伯惊呆了，怔怔地望着那只会飞的纸蝴蝶。奥维尔则拍手雀跃着，并跑进厨房拉着妈妈出来看热闹。妹妹卡特琳娜紧紧跟在妈妈身后，还张开塞满糖果的嘴嚷嚷道："哥哥，你说什么东西会飞？"

米尔顿从地上捡起那只刚落地的纸蝙蝠，对大家说："这是一个飞行器，是一个叫阿尔方斯·佩诺的法国人发明的直升飞行器。这个飞行器是用软木、竹片和薄纸制成的。它十分轻巧，只要拉紧橡皮筋，就能给它提供足够的动力，使它在空中飞行好几秒钟。"父亲用左手拿着纸蝴蝶的腹部，右手拉紧藏在腹部的橡皮筋，"只要转50次，下面的橡皮筋就绕紧了。只要你一松手，橡皮筋就立即放松还原，它就会飞起来了。"父亲的话音刚落，纸蝴蝶就又扑哧扑哧地在房子上空飞了起来。

米尔顿带着钦佩的口吻继续对孩子们说："佩诺，这个在短短一生中经常生病的科学家，早在1871年就发明了各种类型的玩具飞行器——直升飞行器和水平飞行器，同时他还是用橡皮筋提供动力的创始人！"

"爸爸，既然人能做出玩具飞行器，那么也能做出载人的飞行器吗？"

奥维尔极富想象力的天真的问话使得米尔顿主教吃惊不已！

"爸爸，假如我们身上也装上一对翅膀，不就可以像鹰那样自由地在天空中翱翔了吗？"毕竟威尔伯大几岁，提出的想法虽说奇怪，不过也有点根据。

卡特琳娜一听到哥哥说人会飞，于是将两只手臂伸直，像鸟一样在房子里兜圈圈。

米尔顿想了想，向两个孩子讲了有关人类渴望飞行的故事。"你们小时候不是从外祖父那里听说过魔毯的故事、乘坐飞扫帚的女巫、波斯国王卡考斯将几只雄鹰套在他的御座上让雄鹰带着他在空中飞行的故事，还有波兰贵族、黑衣魔术师特瓦尔多夫斯基骑在雄鸡背上飞到月亮上去的故事吗？"两个孩子若有所思地点了点头。"还有许多著名的传说"，爸爸接着讲道，"那不勒斯有个工程师叫代达罗斯，他与儿子伊卡洛斯被国王监禁，为了逃出来，他们用蜡和羽毛为自己制造了翅膀。

"他们成功了，父亲飞回了那不勒斯，但儿子伊卡洛斯对自己的飞行实践欣喜若狂，将父亲的忠告抛在了脑后，而飞得离太阳太近，致使蜡融化，羽毛翅膀脱离了自己的身体，坠海身亡。还有中国在公元前就用风筝作为作战工具。18 世纪载人的大风筝在东方就已很流行。1503 年意大利学者丹蒂就用鸡的羽毛自制成翅膀试验飞行，结果摔了下来。

那段时间不少人用自制翼的方法飞行，结果都坠落身亡。在1784年，一个叫热拉尔的法国人设计了一架扑翼机。在别的国家，热气球作为航行工具也成功地升上了天空。就是我刚才说到的阿尔方斯·佩诺，他1871年就制造出一架用橡皮筋带动的单翼模型机，对机翼和尾翼作了精心安排，使模型机有了稳定性。随后他又试验出两架单翼机，虽然没完全成功，但他设计了机身有封闭座舱、操纵杆等等，可惜后来他自杀了。孩子，爸爸的知识有限，我刚才说的，书上都有，你们多读点书，会得到许多的知识，要知道，世界大得很呀。"

爸爸这番话像烙铁一样深深地印在了威尔伯和奥维尔的心里。

不久，这个会飞的纸蝴蝶，像其他所有脆弱的玩具一样被邻居的小孩弄坏了，可它留在莱特兄弟心中的印象却是永远也不会磨灭的。

不久，威尔伯就试着模仿那架玩具飞行器做成一个比父亲买的大上一倍的纸蝴蝶，橡皮筋也多了一倍。当他们将自己的"杰作"往空中一送，果然它顺着风在空中飘忽飘忽地飞翔了，这一次引来不少孩子的赞赏和恭维。这激励了威尔伯做一个更大的纸蝴蝶，想让它飞得更高更远。

可是事与愿违，飞行器做得越大，就越飞不久。有一次，他做了一个很大的飞行器，心想，这回应该飞得更高。

当他俩偷偷拿去放飞时，它飞起来后，没有升空，而是"啪哒"一声坠下来。奥维尔说，翅膀不够大，应加更粗的竹篾。

威尔伯说，应再加一些橡皮筋，来增强它飞行的力量。他们那时哪里知道，飞行器的长度只要增加一倍就需要增加 8 倍的动力。所以，虽然他们锲而不舍地加以改良，设法将翅膀加大，增多橡皮筋，然而试飞总以失败而告终。

父亲知道这件事后，一边对他们的创作大加赞赏，一边向他们解释道："你们做的飞行器体积太大，又那么重，单靠橡皮筋的动力怎能升空？"

爱琢磨问题的两兄弟皱着眉头思考着，可还是找不到原因。

这时米尔顿敦促他们平时多做点事，挣点零钱用于自己试验的花销，千万不能让自己成为别人的负担，应该从小学会独立。

两兄弟都遵照父亲的建议，自己挣那些自己要花掉的钱。他们收入的来源之一，首先是在夜里帮母亲擦洗盘子。为此，母亲一般是每次付给他们 1 美分，有时候她还雇他们进行一些较小家具的修理。奥维尔比威尔伯花的钱多一些，于是他一次又一次地向哥哥借钱，不过奥维尔十分守信用，每次挣到钱首先还清债务，决不拖延。

奥维尔早年挣钱的办法之一，是在附近的街上庭院里搜集人们丢弃的骨头，将它们卖给一家磷肥厂。第一次拾骨头是与辛斯一起行动的，目的是想攒点钱买糖果在钓鱼的时候吃。他们捡到一大堆骨头，心里高兴极了，满以为这下会得到一笔数目可观的钱了，谁知买主只付给他们 3 美分，这让他们感到很失望。

春季到了，威尔伯不声不响地做起了风筝，像在代顿市时那样，卖一些上乘的风筝给邻居小伙伴。

威尔伯制作的风筝竹篾特别精细，重量都很轻。他将这许多细细的竹片扎成各种形状，再糊上一层画有各种图案的彩纸。因此他制作的风筝不仅花色好，品种多，而且精巧，遇着气流常常会弯曲成弓形，能飞得很高很高。孩子们争相来购买，他的家里一时间门庭若市，"聪明的两兄弟"的美名也一时间闻名遐迩了。

学生时代

在塞达·雷比兹市，奥维尔还在其他方面显示了自己的才能。他对老师还没有教的课程有着极强烈的好奇心，他有足够的智力去学好它们。8岁的奥维尔对父亲说他对现在正在学习的二年级课程已经厌倦了，他想自己学习三年级的课本。

在那以后不久的一个上午，校长走进了奥维尔所在的班。他宣布说谁能够熟练地朗读二年级的全部课文，谁就能立刻升级，不必等到学期结束就开始上三年级的课。老师选了好些成绩优秀的学生进行测验。就像通常那样，他们听到自己的名字，便一个个到老师那儿朗读课文。奥维尔很紧张，生怕不能充分发挥自己的水平。事后同学告诉他，他当时把书都拿颠倒了，这使他大为惊恐。尽管如此，奥维尔还是准确地读完了所有的课文，因为他早已把课文熟记在了脑子里。他终于跳了一级。

"我现在是三年级的学生了。"中午奥维尔一回到家就自豪地宣称道。

"呵，这真是巧极了，"父亲说，"就在今天上午，我为你买了你想要的三年级的课本。不过今天下午你们要向学校请个假，我准备带你和威尔伯到照相馆去照相。"

于是，这张照片在奥维尔眼中就成了他一生中那个重要事件的纪念品了。

在学校中奥维尔通过组建一支"军队"也显示出了他的才能。一天下午，学校里的学生还在上课，唯独奥维尔那个年级的学生放了学。奥维尔忽然产生了一个奇想：在那些继续上课的班级外面列队行进，向教室的窗户扔石头，嘲笑那些一本正经地坐在教室里的孩子，一定会很有趣。

他的想法得到了朋友伯特·沙弗的支持，于是他向班上另外 12 个男孩子提议：他们应该组成一支军队，凡事要有组织地行动，而不要个人单独活动。由于提出了这个建议，曾经读过一些拿破仑故事的奥维尔理所当然地做了将军。军队里还得要有上校和上尉呀。事实上，他们把他们所知道的一切军衔的名称都用上了。没有枪支，他们不得不用木棍代替，这些木棍都是从学校外围松动的围篱里拔出来的尖桩。

一切都顺利地进行着，直到有一天，一位学校工友发现了他们的"违法"活动。他开始追逐孩子们，很明显他是想让他们全都当俘虏。一个孩子在工友钻篱笆的时候向他那边扔了一块石头，才使他没有再继续追下去。孩子们逃到很远的一条小巷子里。"军队"里所有的"军人"都相信星期一早晨返校后，他们准会挨一顿好整。

"我们不会有事的。"心里七上八下的奥维尔说。作为一名指挥官，他要鼓起"军队"的士气，"只要我们抱成一团，他们就不能把我们怎么样。"

奥维尔爬上巷子里的一个大木箱上，提出了要大家做到的事项。他说老师很可能会叫被工友认出来的两三个孩子站起来，并且会在放学后留他们在校。要是老师叫他们中的一个人留校，那么大家都不要回去，要表现出大家是团结一心的。"大家为一人，一人为大家。"小奥维尔引证了一句名言。

第二个星期，他们全都返校后，老师并没有说过一句暗示要对孩子们进行惩罚的话。可是在下午放学后，她忽然叫奥维尔留下来。按照约定，"军队"里的其他成员都留在了自己的座位上，眼巴巴地望着老师，人人的心弦都绷得紧紧的，都能清楚地听到自己的心跳得咚咚作响。

"奥维尔，你到讲台来！"老师的脸有点严肃。奥维尔的脸涨红了，一步一回头地向老师的讲台走去。这时其他的"军队成员"也不约而同地离开座位，向老师走去。

"其他的人都坐下，"老师下命令了，"我不明白你们为什么还待在这儿，现在放学回家！"老师既然这样说了，其他的人也只好乖乖地坐下了。

奥维尔走到讲台旁时，老师说："你讲过你能在下个星期五排练时准备一首歌。"接着她非常友好地谈到在即将到来的学校文娱节目会演中奥维尔的演出任务。

看起来，老师并不知道他们的"军队"在校园里无法无天的行径，也可能是那个工友因为自己没有逮住"逃犯"，感到难堪而没有把那件事向校方告发吧。

1881 年 6 月，莱特主教的职务有了变动，他们一家从塞达·雷比兹市搬到了印第安纳州的里奇曼。搬家的部分原因是凯塞琳患了肺结核这个不治之症，想得到住在里奇曼的妹妹的陪伴。

不论搬到什么地方，威尔伯和奥维尔两兄弟都受人欢迎。因为他们聪颖过人，爱动脑筋，好钻研，很有首创精神，又讨人喜欢。这时候威尔伯 14 岁，奥维尔 10 岁。

与此同时，他们也始终没有忘记父母的教诲。当他们将小玩具出售给小伙伴时，除了材料费以外，只收一点手工费。这时的威尔伯将更多的精力放在学习上，不过也常常帮助弟弟做"莱特风筝"——一种极漂亮轻巧，遇到气流常常能弯曲成弧形的、飞得又高又远的风筝。但是他认为自己长大了，不好意思再与弟弟一起放风筝，而是躺在草地上看着天上翱翔的鸟儿，遐想联翩。

奥维尔还是奥维尔，平时放学后或者在周末，他不是去教会叠报纸挣钱，就是去一个链条厂捡废铜烂铁，然后用他的"快速"手推车把废铁送到一个废品商的院子里。

奥维尔那时的工程之一就是建造一个木制的小车床。威尔伯认为太小，不满意，于是莱特兄弟第一次合作建成了"大"机器——一台有两米多长的车床。

到了试车的那一天，吸引了附近许多孩子，他们都蜂拥到车库的楼上，急切地等待着。车床终于开动了，发出了一阵阵可怕的声音，隆隆的响声连车床本身都摇动和震荡了。很明显，轴承里面的弹子不够坚硬，承受不了它所承受的压力。可是，车床怎么也会摇晃呢？奥维尔跑下楼去查个究竟。

他走出门后，看见妹妹卡特琳娜被一种无形的力量推到房屋的墙上。这是一股小龙卷风！楼上所有人都全神贯注于车床而没有注意到这股小小的气流！

比赛

冬天来了，孩子们发起了滑雪比赛。几十个孩子拖着自己的雪橇到小山丘上去，只有莱特兄弟的雪橇特别与众不同，他们的雪橇可以自由转向，在雪地上能够随着自己的意向滑行。

比赛开始了，所有的孩子都直挺挺地坐在雪橇上，唯独莱特兄弟平躺下来，由于减少了阻力，他们的雪橇像着魔似的"飞"了起来，一下子将所有的小伙伴抛得远远的。冠军的称号非他们莫属了。孩子们到了终点后都纷纷前来观看莱特兄弟的雪橇。"怎么这么快？莫非是神橇？"一个矮个头的小男孩自言自语道。大家哄笑了起来。当时的威尔伯说不清是由于减少阻力的原因，但他潜意识里已有了这种认识。

他想起了在秋天里发生的一件事：也是几十个孩子参加一场自行车比赛。别人的自行车都是熠熠发光的新车，他和弟弟的车子是破旧零件拼凑成的，而且十分特别，车把低到快接近前轮了。

这辆怪模怪样的车子立刻遭到孩子们的嘲讽，"既然去捡破烂，怎么不选用一根较长的铁管，让车把手支得高一些。""这叫骑车吗？干脆趴在车上睡觉！"面对孩子们七嘴八舌的冷嘲热讽，威尔伯和奥维尔不屑一顾，只管推着自己那辆独一无二的怪车朝前走。

比赛开始了，几十辆自行车风驰电掣般往前冲。所有的孩子都是僵直地坐在车座上，两只脚拼命地踩车踏板，只有莱特兄弟二人上身呈俯冲姿势，车子像脱了弦的箭，在公路上飞驰，一路遥遥领先。大家到达终点时，一个个累得像散了架似的，倒在了地上，而莱特兄弟早已休息够了，悠闲自在地等待伙伴们多时。在孩子们的眼里，一辆辆崭新的自行车都黯然失色了，只有莱特兄弟那辆七拼八凑的破车熠熠生辉。威尔伯站在雪地里回想往事，再回味刚才的滑雪比赛，更坚定了自己的想法——要注意减少阻力。

搬回代顿市

1884 年，莱特一家又搬回了原来的住处代顿市。这时路易和洛林早从代顿市高中毕业，到印第安纳州上大学去了。

全家人如果再晚几天回代顿市的话，威尔伯就可以从里奇曼的中学毕业，与全班同学一起参加毕业典礼，拿到一张中学毕业文凭。可是威尔伯却认为中学毕业文凭本身的重要性不能与回代顿市同日而语。威尔伯的决定引起了全家人的讨论，父母亲十分尊重自己儿子的个人意见，也认为接受文凭只是一个庆祝仪式，它绝不会比受过真正的教育更重要。

第二年威尔伯决定在代顿市的中学学一门特殊的课程。他尤其希望继续学习希腊语和三角学。

奥维尔在里奇曼市上到六年级，眼看快毕业，可是在期末结束前的一两个星期，他在班上搞了一个小小的恶作剧，被愤怒的老师邦德小姐开除了。她扬言，假如奥维尔的父母不亲自带着孩子来学校向她赔礼道歉、认识错误的话，那他就永远别想再回学校了。可当时父亲还在外地忙碌着教会工作，母亲又忙于打包家具，准备搬家，结果抽不出空去学校会见老师，将奥维尔的事耽搁了。奥维尔只好闷闷不乐地在家里帮助体弱多病的母亲做着搬家前的准备工作。

当奥维尔随全家回到代顿市，准备进入一所学校时，他没有证书证明他已经学完 6 年的课程。学校让他留在六年级再读一年，遭到了奥维尔极其强烈的反对，老师不得不同意让他在七年级试读，看他到底能不能跟上班。谁知，在那一年的末尾，奥维尔以代顿市最高的数学分数进入了八年级。

奥维尔进入八年级后，教语法的老师詹宁斯小姐竟然认定他是个顽皮的孩子，指定他坐在教室座位的前排。

第二年，詹宁斯小姐又当奥维尔的代数老师，依然让他坐前排，好随时监视他的行动。当时奥维尔老坐第一排座位成了全家人说俏皮话的话题。

在中学时，一次奥维尔在黑板上算出了一道几何难题。但他的老师威尔逊小姐指责他没有完全按照课本的要求去解题，尽管他的答案是对的，还是不能给分。

"我是从另一本书《温特沃思几何学》那里学到的这种解题方法。"奥维尔不服气地辩解道，"我自己从温特沃思那儿学到了许多有用的东西。"

威尔逊小姐不但没有赞扬他有兴趣从别的书本上学习知识，反而责怪他不该把"美好的科学"说成是"东西"。

奥维尔心安理得地在餐桌上与家人谈论着这一类学习生活中的插曲。他知道他是不会挨骂的，因为莱特家对有发明创造能力的孩子是很喜爱的，尤其鼓励孩子独立思考问题，扎扎实实地学习科技知识。

这段时间，威尔伯和奥维尔两兄弟经常到卡莫基叔叔那里去弄来一些破旧轮胎、机械车辆等，然后把这些被别人视为废料的东西制造成各种用具，例如大大小小的脚踏车、各式车床，以及其他的简单工具等。这些东西多半是由奥维尔出主意，威尔伯根据他的构想画出图样，然后按图制造或改装。他们把这些成品，以低廉的价格卖出去，他们谨记父亲的训示，不以获取暴利为目的，不过，他们倒也积攒了一些钱，这些钱又用来购买新的材料。

卡莫基先生就曾一再地夸奖他们说："我店里的这些废料，你们尽管拿，不用客气。你们这么喜欢机械，手艺又这么精巧，废物都会做成有用的东西，真是了不起！"

受伤休养

时间过得很快，威尔伯已经是高中生，而且快要毕业了，由于功课很紧，加上回家以后又得帮忙做家事，所以很少再有时间和奥维尔一同制作各项机械成品，只有星期天才能和弟弟以及邻家的爱德等人一起玩。

米尔顿主教的年薪仅 1500 美元，维持家用当然不成问题，可是要想积存一笔让威尔伯和奥维尔进大学的费用，却有点力不从心。

不过，做父亲的倒并不悲观，他知道威尔伯一心想进入耶鲁大学就读，这孩子，只要是他决心得到的东西，终会有办法如愿以偿，母亲也同意丈夫的看法。

不料，事出意外，威尔伯在高中尚未毕业前受了重伤，于是就读耶鲁的美梦幻灭了。

事情的经过是这样的。威尔伯是校曲棍球队的选手，他天天勤练，准备要和另一个学校比赛。

没想到，在比赛的一天，由于竞争激烈，在缠斗中，对方的一位球员不慎失手把球棒打到威尔伯的脸上。被这冷不防的重重一击，威尔伯的牙齿被打掉八颗，鼻孔鲜血直流。后来，威尔伯不得不休学在家养伤。虽然有很长一段时期只能卧床休养，但威尔伯并没有荒废光阴。他除了复习学校的功课外，还经常阅读各种科学书籍及杂志等。在这段休学期间，威尔伯不但功课没有退步，反而增加了不少科学新知识。

另外一件不幸的事就是母亲凯塞琳的肺结核越发严重了。当威尔伯的伤一天天好转时，他就经常去服侍病弱的母亲，虽然自己仍然是一个病人，却负起护士的责任。这种尽孝的表现，不但母亲凯塞琳深感安慰，而且赢得了邻里的赞誉。

当威尔伯的伤势完全复原，身体已很硬朗时，他和奥维尔便动手改造房屋格局。

有一天，威尔伯对奥维尔说："妈妈的病，需要一个空气新鲜、日光充足的地方疗养，我想把后院厢房朝南的一面，加盖一个宽宽的走廊，好让母亲在那里休养，那里空气好、阳光足，是最理想的养病环境，我们马上就动手。怎么样？"

"好啊！你先画好图样，我马上去准备材料。"奥维尔也是一个孝顺的孩子，于是一口答应。

在两兄弟通力合作下，一个舒适宽敞的走廊很快就盖好了。他俩又在走廊两侧及前面种上许多花，好让母亲感到赏心悦目。

《代顿周报》

有一天，奥维尔突发奇想，他和威尔伯商量说："哥哥，我们来办一份报纸好不好？"

"办报纸？"这倒使威尔伯有点吃惊，一脸疑惑地问道。

"我在学校里负责编辑校刊，每周出刊一次，在这方面，我已经有了一些经验，所以，我想办一份报纸给代顿镇的人看，哥哥，你赞不赞成？"奥维尔解释说。

"哦，是这样……可是办一份报纸并不像办校刊那么简单，至少要有一部印刷机才行啊！"威尔伯稍停顿了一下，接着又说："即使是小型的印刷机，我们也买不起啊！"

"哥哥，我已经想过了，我们自己尝试做一部印刷机。你看有没有把握？"

"嗯，如想办报，就必须要有印刷机，既然我们买不起，那就只有自己动手试试看了。"威尔伯似乎也提起了兴趣，接着进一步说道，"在动手制作以前，我们要先到印刷工厂去观摩一番。看看它的构造，不能胡乱拼凑，你说是不是？"

不久，一架简陋的小型印刷机，终于在这对兄弟的手中完成了。说起来，真是简陋不堪，首先，他们捡来一块墓碑，又到卡莫基那里借来一根铁滚轴。教会的印刷工厂送他们一些旧铅字。他们先把滚轴和石板用砂纸磨光，而滚轴的两端各安上一个杠杆，纸张平铺在石板上，只要排好铅字，滚轴上涂以油墨，两兄弟各执滚轴一端的杠杆柄，转动起来，就可印出字迹分明的报纸来了。

弟兄俩忙碌了很久的报纸终于和代顿镇的人见面了，他们租下了一间破旧的仓库，作为社址。

一个报童捧着大摞的报纸在街上大声吆喝着："最新消息，新发行的《代顿周报》，一分钱一份。可以看到最新的消息。"

当时，代顿镇的小报不下四五种之多，不但文字粗俗，而且刊载的消息不大能够引起人们的兴趣。现在听到报童吆喝着有最新消息，好奇的镇民纷纷围拢过来购买。

威尔伯和奥维尔除了印报以外，还得分头出去采访，诸如：某家马厩失火；某人和太太吵架后，太太去投河自杀，幸而获救；某校与某校将于某日举行曲棍球比赛；某某村发现牛瘟，应该赶快请兽医预防等等。可以说地方新闻与学府风光无不具备，真可说是包罗万象，深受镇民们的欢迎。

渐渐地，这份半开大的小型报纸，成为代顿镇市民不可或缺的精神食粮，他们每周都迫不及待地盼望能早一点阅读到它。

当时，米尔顿兼任教会里一份刊物的编辑，威尔伯兄弟到教会印刷工厂去观摩的时候，父亲就曾劝告他们不要盲目从事毫无经验的事业。如今看到他们办的这份报纸虽然简陋，却很受欢迎，于是，也就不再反对，并经常予以指导和协助，使他们获益不少，很多地方都有了改进。

自从创办报纸以来，也真够他们忙的了。他们身兼社长、编辑、采访，排字、印刷、购物、打扫，既是老板，又兼工友。

单单是辛苦，他们倒不怕，只是那根铁滚轴实在太重，两兄弟从事印刷的时候，感到十分吃力，长此下去，体力上绝对负担不了。

好在两兄弟在机械方面的知识较为丰富，所谓穷则变，变则通。他俩在滚轴一端装上一个踩板式的滑车装置，只要用脚一踩，滚轴就会自动滚转一次，这样一来，可省力多了。

他们又继续研究改良，一年以后，两兄弟居然设计了一架理想的印刷机。只要踩五次，滚筒就会从纸上滚过去，而且可以换上另外一张纸，不需要另一人在旁边换纸，一个人就可以操作了。这真是向前跨了一大步。

一则由于他们禀赋聪颖，二来因为他们读书较多，已经能够把书本上的知识应用到实际的事务上。他们已经懂得将知识与经验做适当的配合了。

报纸的销路好，当然广告也就增多，使他们赚了不少钱。由于业务扩展，卡特琳娜和邻居的爱德也常常来帮忙，报纸办得有声有色。发行量直线上升，刊载的内容也更为广泛，这是相辅相成的必然结果。

有一天，一位中年男子来到他们的报社。

弟兄俩正忙碌着，看到有陌生人来访，马上丢开手边工作，笑着迎上去说："请问有何贵干？"

"听说你们把印刷机改良过了，很想参观一下，可以吗？"

"欢迎，非常欢迎，还请多多指教。"

那位陌生男子随着莱特兄弟走近印刷机旁。威尔伯亲自操作给他看。他仔细地上下左右端详着，不住地点头夸奖说："确实不错！"

他嘴里这么夸赞着，心里却暗暗佩服，这两个年轻人虽然是外行，却能有这么大的能耐，真是后生可畏！

威尔伯兄弟知道，来人必定是一位行家，能够得到他的赞誉固然值得高兴，但不该自满，应该趁此机会，向他多多请教才是。于是他们谦逊地表示："我们都是外行，承蒙夸奖，实在惭愧！还请多多指教才是。"威尔伯略作停顿，又满脸堆笑说，"还没有请教阁下……"

"哦，我是《代顿邮报》的印刷部主任。"

"原来是主任大驾光临，不胜荣幸！"

"不必客气。"

　　这时候，他一眼瞥见不远处的另一架机器，那是一个在平台两侧装置了两根木条，靠齿轮使滚木转动的简单装置，是用来折报纸的。这架简单机械却引起客人的注意，兄弟俩大感意外。威尔伯笑着说："那是用来折报纸的，用手一摇它便能够转动，做得很粗劣，请勿见笑。"

　　说完，他亲自操作一遍。果然只需一摇把柄，两侧的木条就自动地把报纸一张张折起来，比起人工省却了不少的时间。

　　客人以惊异的眼光凝视了良久，口中不断地喃喃自语："哦。原来如此！"当时的《代顿邮报》虽然是大报，却还没有这种自动折报的装置，无怪乎那个主任要啧啧称奇了。难怪他对莱特兄弟的做法大加赞扬。

慈母病逝

　　威尔伯和奥维尔辛苦经营的报社业务蒸蒸日上，手头亦颇有积蓄，但他们母亲的身体却日益衰弱。

　　她所患的肺结核，在当年还没有特效药可以治疗，除了听从命运的决定外，简直是束手无策。

　　这个时期的凯塞琳经常发烧，醒来以后就浑身直冒冷汗，而且咳嗽不止，痰中还发现血丝、血块，身体一天天消瘦下去，面色蜡黄，全无食欲。

兄弟俩尽可能买了不少滋补品给母亲食用，他们一有空闲，就随侍在母亲身旁，强颜欢笑，为母亲解忧。他们的妹妹更是日夜不离母亲左右。父亲米尔顿眼看爱妻罹患绝症，除了时时为她祈祷外，也是一筹莫展。

她的病，已经拖延了好几年，始终未见好转，只是不断地恶化下去。

1889 年 7 月 4 日，是美国独立纪念日，人人喜气洋洋，欢祝国庆。此时的莱特一家却笼罩在惨雾愁云中，凯塞琳此时已经奄奄一息，每个人都是心情沉重，表情忧郁。

她把威尔伯和奥维尔叫到床前，衰弱地低声说："你们终于长大成人，事业上也稍有成就，但我不能看到你们未来更大的成就了，希望你们好自为之！你们要记住父亲的话，一切要以服务人群为第一，待人要诚挚、兄弟手足相处要亲爱，你们的妹妹还小，要多多照顾她……"

暮色渐渐笼罩大地，父亲站在床前低头祈祷，母亲在家人的环绕下，抛下丈夫和子女们，离开了人世。

好长一段时间，莱特兄弟都无法驱散心中的悲痛，他们永远怀念善良、聪慧的母亲。

母亲去世以后，路易、洛林都已大学毕业，分别离家各自独立生活了。卡特琳娜则进入奥柏林大学就读，家里就只剩下威尔伯和奥维尔两兄弟陪伴着父亲。父亲因为工作上的关系，经常出差在外，所以，整个家庭显得十分冷清。

莱特兄弟在这段冷清的日子里在家读了大量的书。

家里的藏书分成两部分，一部分在楼上莱特主教的书房里，供全家人阅读的另一部分则放在楼下的起居室。父亲对孩子的阅读是从不提要求的，楼下的那些书是莱特兄弟最喜欢的书，其中包括《华盛顿·欧文文集》、格利姆和安徒生的童话故事、普卢塔克的《列传》、一套《旁观者》、一套阿狄生的散文集、包斯威尔的《约翰逊的一生》《华尔德·斯科特文集》、吉本的《罗马帝国的衰亡》、格林的《英国史》、吉佐的《法兰西》、几本纳撒尼尔·霍桑的著作、马雷的《动物机器》，还有一套《大英百科全书》和《钱伯斯百科全书》，前者是 19 世纪 70 年代末期的版本，而后者是刚出版不久的。威尔伯是最积极的读者，奥维尔也紧随其后，阅读了大量的书，他几乎从开始学会读书起就迷上了百科全书中的科技文章。

开设脚踏车店

威尔伯和奥维尔自从慈母过世后，在精神上一度郁郁寡欢，悲痛不已。每当想起慈母临终前的话，则不得不打起精神，倾注全力在自己的事业上。

《代顿周报》经过不断地改良，内容充实，印刷精美，虽然每份售价涨为两分，仍然销路日增，深获好评。

为了争取时效，报社请了几个帮手，另外购买了几辆半新的脚踏车，专门供采访新闻之用。

19 世纪 90 年代，脚踏车在美国仍然是一种奢侈品，只有富豪人家才买得起新车，普通人家能拥有一辆半新旧的就很不错了。当时的自行车五花八门，有很多种类型：有单座的、双座的，还有三座或四座的所谓复座自行车。莱特家住在里奇曼市时奥维尔曾拥有一辆高轮自行车，那是他花了三美元从威尔伯那儿借的。当时一种叫"保险牌"的新式欧洲自行车流行起来了，它的车轮同老式车的尺寸是一样的。1892 年，奥维尔买了一辆这种车子，它的轮胎是充气的，价钱是 160 美元。六个月以后，威尔伯也花了 80 美元，从一个拍卖商手里买了一辆"小鹰牌"自行车。

有一天，爱德匆匆忙忙地跑来对威尔伯说："我的那辆脚踏车，不知怎么搞的，链条被卡住，刹车也不灵活，好像快要松脱似的，大概是发生了故障。"

威尔伯经过检查发现，原来是铁链被木屑卡住，刹车的橡皮已经磨损得差不多了。既然找出了毛病，威尔伯马上进行了修理。

车子修好后，爱德看了赞叹不绝。

莱特兄弟在买了自行车不久之后，他们决定开一家自行车店铺，专做自行车生意——出售某种名牌产品和开一家自行车修配店。他们的第一家店铺在西三街 1005 号，门面是1892 年 12 月租的，这是他们为 1893 年早春的自行车竞赛运动做准备的。他们首先从一家旧货店买来了一架半旧的车床，经过一番调整，这架车床像新的一样，发挥着它的特有功能。这段时间，奥维尔把自己的时间分为两部分，他一方面要做自行车生意，一方面还要照顾街对面的报社。后来自行车的生意越搞越大，奥维尔根本腾不出时间来关照厂子的事，于是两兄弟一商量，决定将印刷厂连同机械和报纸的专利转让给一家新闻通讯社，从而获得了一笔数目不少的资金，然后他们又把钱投入到自行车的生意里。

由于兄弟俩的细心认真，他们的产品既坚固耐用又美观大方，深受人们的好评。

不久，莱特兄弟俩把他们的自行车修理店搬到更宽敞的西三街 1034 号。当时的自行车，并不是某家工厂的流水作业的成品，车架、轴承、轮圈、坐垫、车胎等都是由不同的工厂制作，在自行车修配店装配而成，然后冠以"某某号"的名称出售。莱特兄弟从不同的工厂买来自行车的零件，精心装配成自行车。威尔伯把买来的零件都自己精加工一番，就拿轴承来说，当时一般使用金属套，但他却用昂贵的钢珠，因此他们的产品既坚固耐用又美观大方，顾客纷纷前来购买，他们的产品往往供不应求。他们先后出卖的自行车有"考文垂·克罗斯牌""哈拉代·坦普尔牌""沃立克牌""里丁牌""斯莫利牌""公使牌"和"弗利特温牌"。

1895 年，不断扩大的生意使他们再一次搬家。这次，他们搬到了南威廉街 22 号。不久，他们就开始自己制造自行车了。"莱特兄弟自行车行"的第一批成品，定名为"克利夫号",这是为了纪念他们的一位祖先而命名的。

"克利夫号"除了美观、坚固以外,它最大的特点是平稳而安全,因为威尔伯精心设计了一种新式刹车系统,不是任何脚踏车都能赶得上的。人们一谈起脚踏车,往往翘起大拇指,夸奖莱特兄弟的产品。

既然具有很多优点,而且价钱也公道,没有多久,他们的声誉就远近驰名了。

每天店门一开,从早到晚,一些购车的、修车的、参观的人络绎不绝,真可谓是门庭若市。兄弟俩已感到难以应付,于是,又把爱德请来帮忙,由他负责管理杂务、应付顾客。

渐渐地,生意越来越好、成品增多,他们又把隔壁的店面及后院租下来作为制造工厂,把营业和制造分开了。

威尔伯和奥维尔富于创造精神,他们喜欢自己制造各种工具、设计新颖零件。这些东西不仅是用于脚踏车上,它的适用范围还包括轧棉机、缝纫机、打字机、割草机,甚至钟表、磅秤等,似乎是无所不包。

代顿镇的居民总是以钦佩的语气称这一对兄弟具有"一双魔手"。

飞向蓝天

李林达尔的启示

19 世纪 90 年代的初期，威尔伯和奥维尔就已经十分喜爱读科学书籍了。他们经常谈论着这些文章。一次偶然的机会，莱特兄弟从家里的一本杂志上读到了一篇有关人类渴望飞行的文章，随着时间的推移，这一类文章越来越强烈地吸引着莱特兄弟。

1895 年，他们偶然从报上读到一条有关奥托·李林达尔在德国进行滑翔试验的消息。这条消息给他们留下了深刻的印象。那时李林达尔驾驶着自己制造的滑翔机在空中翱翔了一段时间后成功地降落在一个山坡上。莱特兄弟认为乘一架滑翔机上天飞行可真称得上是体育运动之冠了。他们希望能够知道更多的有关李林达尔以及他的工作情况，可是他们能够找到的有关他的报道却十分有限，然而正是这些十分有限的消息激发了他们的热情。李林达尔，这位"滑翔飞行之父"对莱特兄弟产生了巨大的影响。

第二年，也就是 1896 年，传来一个令人惋惜的消息。据报载，8 月 9 日这一天，李林达尔从山坡上乘坐滑翔机起飞滑翔，不料，当他下降到 15 米的高度时，突然一阵强风袭来，他连人带机跌落地面，当场机毁人亡。

莱特兄弟读到了这段新闻，一种无比的哀伤袭上心头。一则是李林达尔为德国人，德国是母亲的祖国，二则是飞行事业又失去了一位英雄。

这一对热衷于此的兄弟，在感伤之余，却不沮丧。奥维尔和威尔伯有着一种特别的冲动，想要更多地了解李林达尔的伟绩以及人类在飞行事业上正在进行的尝试。当时，有关人类飞行的书籍真是凤毛麟角。莱特兄弟把代顿市图书馆能够找到的有关飞行的书都借到了手，此外，他们还查阅了百科全书上有关的文章和条目。然而他们此后两三年中读到的所有这类书籍都不能满足他们全面了解飞行的渴望。

车店的业务虽忙，但他们并没放弃飞翔方面的研究，有关这方面的杂志、书籍、文献等已经搜集得不少。

《动物的运动》是法国一位生物学家墨勒的著作，内容是有关人类和鸟类的骨骼组织，以及鸟类振翅起飞的各项动作的图解说明。威尔伯兄弟俩反复地阅读，一有空闲就到野外去观察鸟类。

有一次，当一群鸿雁从头顶飞过时，他俩不顾一切地往外冲，使得一些顾客们大吃一惊，还以为是什么地方发生了火警呢！

他们不仅注意鸟类起飞时的动作，更注意它们飞翔的情形。当强风袭来时，它们就兜一个圈子，并猛拍翅膀。如果风向只朝一个方向吹，它们就歇下来，平摊着翅膀，一动也不动，好不自在。

威尔伯和奥维尔潜心研究，并探讨前人的得失，他们手头有一本 1895 年出版的《航空学年鉴》，里面有一节，专门讨论《比空气重的机械》，引发了他们极大的兴趣。他们废寝忘食地苦读、研究，已经把车店的事完全抛诸脑后了，爱德几度提醒他们不要从事于这种徒劳无功的幻想，但他俩置若罔闻。

制造滑翔机

既然李林达尔成了莱特兄弟崇拜的对象，那么他的事业对他们就有着特别大的吸引力。1900 年，莱特兄弟决定制造一架理想的滑翔机。

他们首先选购了一些必备的材料，然后才开始精心制作。他们参考了李林达尔的计算，分毫不差地先将木料锯断、刨平，将支柱用的木条予以刨光、削圆，然后钉合起来，最后覆以坚韧的布料。即使极小的部分都不能忽视，以免影响安全，经过几个月的忙碌，这架滑翔机完成了。

现在的问题是，他们需要找到一个没有树木或者灌木的沙质山丘和一片开阔地。于是，他们向气象局征询数据，从回信中得到的气象数据显示，几处风力适宜的地方都在遥远的西部，东部只有一处比较接近代顿市，那个地方的名称很奇怪，叫做基蒂霍克，在北卡罗来纳州。他们决定立即写信到基蒂霍克，以便进一步了解那儿的情况。

威尔伯给基蒂霍克气象站的负责人写了一封信，首先向他说明自己很可能会带一架载人的滑翔机去那儿进行短期的试验，因此很有必要向他询问当地的各种情况，比如天气、地形、交通以及自己能不能在附近得到膳宿供应，直到他和他的弟弟在那儿建立起自己的营地为止等等。

诸如此类种种问题，威尔伯都一一地在信中周详地叙述到了。

基蒂霍克气象站的站长约瑟夫·丁·多谢尔收到威尔伯的信后，于8月16日作了简单的答复。他谈到了那儿的盛行风，还介绍了数英里以内的地质情况。

在写过回信之后，多谢尔又把威尔伯的信交给了他的一位邻居威廉·丁·塔特，他还要求塔特也给莱特兄弟回一封信。塔特是当地受过最良好教育的人，他家住在基蒂霍克的一个小村子里，离气象站大约有一英里远。他是当地邮政局的局长。他

生活中的莱特兄弟

具有很好的自我表达能力，所以他在 8 月 18 日给莱特兄弟回信时详详细细地向他们介绍了基蒂霍克地区的情况，不仅谈那儿的植被、大致的地形等，最重要的是谈到基蒂霍克地区盛行的劲风很适合威尔伯在信中所提到的飞行试验。他还说为莱特兄弟提供膳宿是不成问题的，而且提供多久都行。

在知悉这些情况后，威尔伯立即将滑翔机分解装箱，搭乘火车向南方进发。

他们决定，奥维尔先暂时留在代顿市照顾自行车铺，等到威尔伯在基蒂霍克安顿下来后，再上那儿去。

飞起来了

1900 年 9 月，威尔伯来到北卡罗来纳州的伊丽莎白市。当他去打听去目的地的最近的路时，居然很多人都没有听说过那个地名。后来他终于了解到有一条船每星期一次开往罗阿诺克岛，可是这条船在前一天已开走了。威尔伯心急如焚，不想耽搁，便走到水边打听还能不能雇到一条船。他在那儿遇到了一位叫佩里的船主，此人曾经是基蒂霍克的居民，成年累月地住在一条平底船上。由于其他的船主都不愿去基蒂霍克，威尔伯只好不顾平底船舱的肮脏，也不顾船主的冷脸，订下了佩里的船。他立即把从代顿市运来的滑翔机的零部件和其他货物装进船舱，于 9 月 10 日早晨开始了去基蒂霍克的 64 公里的航程。

在这段航程中，威尔伯并不是很顺利。在航行过程中不仅遇到了很恶劣的天气，而且还缺少食物。威尔伯随身带的可以充饥的全部食物只有临走时妹妹卡特琳娜塞进他衣袋里的一小罐果酱。

到达基蒂霍克的第二天，威尔伯就开始工作了。他带着组装滑翔机的各种零部件及其他货物来到沙滩上，望着这里一望无垠的沙滩、适于起飞的小土丘，以及徐徐吹来的海风，威尔伯深感这里是飞行试验最理想的地方。第一件事是在沙滩上支起帐篷。白天他在沙滩上忙碌着，晚上在塔特的家里用塔特太太的缝纫机缝制滑翔机的蒙布。早先在代顿市他用优质的法国白棉缎已为滑翔机做好了蒙布，当时为了更加适合滑翔机的框架，只是没有缝合蒙布的顶端。可现在他不得不改小蒙布，因为滑翔机将比原设计的要小。他在诺福克市或伊丽莎白市买到的能做滑翔机翼梁的木材最长的只有 4.8 米，而没有他需要的 5.5 米长的材料，所以他必须把上下翼的蒙布从中间裁断，再重新缝合起来。组装滑翔机的全部工作是在威尔伯支起的帐篷里完成的。接着他又做起在沙滩上进行生活的一切准备工作，他一心想在奥维尔到来之前将一切都准备好，可是天气炎热，运水到帐篷的工作就消耗了他许多精力。当奥维尔于 9 月 28 日到达后，威尔伯抱歉地说还有许多工作有待于他们去做。

奥维尔的旅途比哥哥威尔伯顺利得多了。他到达后看到这里的情景后，兴奋不已地说："哥哥，你瞧，这里是一片黄沙，全无树、岩石、房屋等障碍物，即使摔下来，也没有什么了不起。"

"别讲泄气话！最好不要摔下。这个地方确实理想，我有信心，可以一举成功。"

威尔伯和奥维尔设计的滑翔机虽然是以李林达尔所制造的为蓝本，但又经过他们的一再改良。他们设计的机翼较为锐薄，以便承受气流的不同变化，更符合科学原理。此外，这架滑翔机没有尾翼，而在前面加设了一个五至七度角的舵面，驾机人不是坐着而是俯伏在下层机翼上予以操纵，这是为了减低阻力，他们早在参加雪橇及脚踏车比赛时就已懂得这个原理了。

经过反复仔细的检查，认为毫无问题，可以正式试飞了。于是他们准备迎接第二天的来临。

翌晨，是一个晴朗的好天气，兄弟两人饱餐了一顿，拖着滑翔机走到广阔的沙滩上。当时的风速是每秒 6 米，依照公式计算，对风作三度倾斜的机身，应该可以顺利地滑翔而飘浮在天空了。

威尔伯首先上机，俯伏在下层机翼的中央。

威尔伯一声令下，奥维尔拉着绳索猛力前冲，但滑翔机只在沙面上滑行着，发出"嘶……嘶……的声响，却无法飞离地面。

奥维尔满头大汗地走回来，和哥哥一起共同研究其不能起飞的原因。

"奇怪！根据李林达尔的公式计算，以这样的翼面，在每秒 6 米的风速下，载人滑翔应该是没有问题的啊！奥维尔，现在由你来操纵，再试一次看看。"威尔伯对弟弟说。

于是，换上奥维尔俯伏在下层机翼上，由威尔伯拉着滑行，拖了很长的一段距离，滑翔机依然不能腾空。

两人垂头丧气地坐在沙滩上，一面擦汗休息，一面寻思其症结所在。

休息了半天，威尔伯站起身来，走近机身。上下左右地端详，实在找不出什么毛病，他下意识地走向机身前端，捡起了绳索，轻轻地往前拉，并快跑了几步。没想到，这时没有载人的滑翔机，却缓缓地有升空的趋势。威尔伯的心里，已经有了八成的把握。

到了第三天，风速是每秒约 8 米，威尔伯满怀信心地再度爬上机身，叫奥维尔拉着绳索往前冲，这架 27 平方米的机翼轻飘飘地浮起来了。威尔伯小心地操纵着，但见机身离地 2.5 米左右。

"哥哥，太好了！起飞了！"奥维尔仰头大叫。

虽然只是滑翔了 30 米，但是究竟是能够飞行了。接着，由奥维尔上去操纵，也同样地获得成功。

兄弟两人在这偏僻的渔村反复做了将近一个月的实验，对滑翔机的控制也越来越好。他们对前升降舵最细微的运动都能作出迅速的反应。前升降舵在保持飞机的纵向平衡方面是令人满意的。起初，莱特兄弟把扭曲机翼的装置拴紧，使其不能操纵，而只是操纵升降舵，因为他们担心，在他们还缺乏飞行经验的时候，就想同时使用两个装置，势必导致这两个装置都操纵不好。虽然没有使用机翼扭曲装置，他们却能在机身向一侧倾斜前5至10秒钟强迫滑翔机着陆。在进行最后三四次飞行试验时，莱特兄弟解开了拴紧扭曲装置的金属丝，以便使用横向稳定装置。

冬天来了，基蒂霍克气候太冷，沙滩上的风也太大，莱特兄弟回到了代顿市。

他们认为李林达尔的计算方式一定有错误，于是，自己着手做试验，他们首先根据"风洞"原理制造了一个长2米，每边各宽0.4米的正方形箱子，一端装设一个圆形的罩子。然后利用送风机，向箱内送风。

他们还模仿鸟类的翅膀，做成各种折曲面的机翼，同时，

莱特兄弟首次飞行

也依照自己的构想设计出各种不同的机翼，将它们分别放在风洞里做试验。然后测定在机翼上所产生的阻力及浮力。

经过多次的实验，结论是：机翼的角度增加，浮力也就随之增加，不仅是使得机头上下移动，还可以使两侧安定而平衡。

他们已经发现出李林达尔的错误，从而画出许多有关翼面的新的"极曲线"。

第二架滑翔机

1901 年春天，威尔伯和奥维尔制造的第二架滑翔机，已不是大部分模仿前人，而是自己基于实验而产生的新机。

这一次，他们制造的新机比以前的更大。机前装有升降舵，机后装有方向舵，靠着这些装置可以使机身保持平稳、安定，并变换方向。他们对这架改良新机深具信心。

7 月下旬的某一天，他们开始第二次试飞。

由于不能把这么大一架滑翔机像从前那架一样放进帐篷，莱特兄弟就在基尔德维尔山下盖了一座 7.6 米长、4.9 米宽、2 米高的库房。这座机库两边的墙体部分是悬下来的门，打开的时候，它就成了遮篷。莱特兄弟仍然住在帐篷里。他们往沙子里插进一根 3 到 4 米长的铁管子，便解决了水的供应问题。

这年 7 月，住在他们帐篷里的还有他们的伙伴。莱特兄弟曾跟夏努特通信联系已有一年之久了。为了加强了解，夏努特接受了莱特兄弟的邀请，于这一年的 6 月在代顿市小住一阵。当他听说莱特兄弟上次进行飞行试验身边连一位医生也没有，而且这次他们还要如此时，他对他们说，在那样一个荒凉的地方进行那样一种危险的试验，这样做实在太冒险了。夏努特说他认识一名航空业余爱好者,曾受过医疗训练，他名叫斯普拉特，现住在宾夕法尼亚州。正因为这位年轻人从未见过飞行试验，夏努特觉得他一定盼望有这么一个机会的。夏努特说如果莱特兄弟愿意给斯普拉特提供膳宿，他将很乐意给斯普拉特提供到基蒂霍克的路费，他说他自己得到的报偿就是他们给予他的快乐。夏努特还建议莱特兄弟应该邀请田纳西州查克利市的哈夫克，此人正在制造一架由夏努特出钱订造的滑翔机。莱特兄弟全部接受了这些建议。于是，第二次飞行试验就有 4 个人参加了。夏努特作为一位客人也和他们在基蒂霍克待过一段时间。

　　尽管那片辽阔的沙滩似乎太荒凉，不值得人们去占有，然而事情并不是这样。那片沙滩不是属于这个人的，就是属于那个人的，莱特兄弟不得不在建设库房前，事先征求他们的同意，然后才在那儿建房子。

　　这架新滑翔机的试飞结果，不是很理想，机身摆动得很厉害。面对这个结果，威尔伯有些失落地说:"我们耗费时间和金钱，无非是基于兴趣，虽然我们锲而不舍地潜心研究，似乎有很多问题不能突破，我们仍然在暗中摸索，这样岂不是浪费光阴！"

夏努特敦促莱特兄弟不要放弃他们的试验。他说，如果他们坚持试验，他们将会获得成功，而其他人还需要花费很长的时间来理解飞行试验中的问题和弄清楚怎么去解决它们。要是没有夏努特的鼓励，他们很可能会停止他们的飞行试验了。

夏努特做了西部工程协会主席后，还为航空事业做了另一件大事。

他邀请威尔伯出席 1901 年 9 月 18 日在芝加哥的大会，并以飞行试验为题在大会上发言。

秋天到了，夏努特和莱特兄弟告别后，两兄弟回到了代顿。

第三架新机

整个冬季，他们俩再度做风洞试验，先以纸板做材料，曲折成各种角度，观察它在风中的动态，接着又改以金属片做试验，由于质地不同，结果互异，他们一一地记录了下来。

根据这些要点，他们的第三号新机于1902年夏季完成了。

这架飞机的机身是按照长宽 6∶1 设计的，机翼的曲折度也是依照风洞实验的原理制造的。整个机身虽比二号机稍小，前面仍装有升降舵，尾部有方向舵，以便保持机身平衡。

他们依照惯例，在当年的夏天，前往特定地点试飞。6月中旬，第三次的试飞意外地成功，这架令人惊异的第三号滑翔机，甚至可以与鸟儿比高低了。

莱特兄弟在1902年的9月和10月，共进行了一千多次滑翔试验。

然而，第三号滑翔机在50次试飞中也有一次表现得十分奇怪。在飞行中，它居然不顾驾驶员尽力扭转机翼而突然转向滑降到沙地上。经过检验，横向平衡操纵系统效能很好，并没有出问题，可在下一次看来几乎是同样的条件下，人们还是无法阻止滑翔机旋冲到沙地上，莱特兄弟把这种情况称为"打井"。

莱特兄弟过去制造的滑翔机从来没有出过这样的问题，原因是这架滑翔机装有尾翼，那些"打井"事故全是由于"尾旋"的缘故。"尾旋"这个名词是在那些年以后才被使用的。虽然事情很清楚，机尾同滑翔机的这种奇怪现象有关，可莱特兄弟一时都无法说出其原因。

莱特兄弟自制的滑翔机，经过反复改良，已经能够在空中随心所欲地操纵自如了。

历史时刻

转眼秋天即将过去，兄弟俩准备回代顿了。在整理行囊的时候，奥维尔若有所感地说道：

"哥哥，我们的滑翔飞行不下千余次之多，总算在这方面获得了一些经验和知识。不过，滑翔机做得再好，不借助风力还是不行，光靠空气的阻力是无法使机身升高飞行的。"

"那是当然，这是必然的道理，你有什么新构想吗？"哥哥威尔伯问弟弟。

"我在想，假如我们在机身上装置了动力设备，纵使一点风也没有，但我们的机身可以借自身的装置飞行前进，那该多好！"头脑敏捷的奥维尔说出了他的理想。

莱特兄弟心里清楚，虽然1902年第三号滑翔机试飞非常成功，但它毕竟是借助风力进行滑翔的飞行机器，只靠空气的阻力是无法使机身升高飞行的。要想让滑翔机不借助风力而且飞得又高又快，就一定要在滑翔机上装设发动机或螺旋桨。所以他们在1902年的试飞结束后，立即就着手实现他们在基蒂霍克已拟好的计划，制造一架动力飞机。

当他们一回到代顿镇，立即将脚踏车的修理工厂改为制造新机的工作场所。为了不使老父担心，脚踏车店铺门口仍然挂着"莱特兄弟自行车行"的牌子。

爱德听说他们想靠动力装置在天空飞行，一再竭力地劝阻说："你们的滑翔试验，已经非常成功，应该可以满足了，不必再去做进一步的冒险，还是专心经营脚踏车比较切合实际。"

也难怪爱德如此苦口婆心地一再规劝，这也是出于他作为朋友的一片好心。因为当时谁也不相信，人类可以在天空飞行。

莱特兄弟并没有因好友善意的劝阻而停止试验。

1903 年，兄弟两人根据自己的构想，要设计一架装有动力设备的飞机。完成这架飞机最重要的部分，就是需要一台性能良好的发动机。

当时，虽然已经发明了使用汽油的发动机，但是还不够理想，机件很容易故障。他们选来选去，始终找不到一台合适的发动机，于是，决定自己动手制造。

在制造发动机的过程中，他们的机修工人查利·泰勒给了他们热情的帮助。发动机做成后，重量为 69 千克，连附属部件一起，重量才 77 千克。它每分钟可达 1200 转。在发动后的 15 秒钟内，就能产生 16 马力，在开动了一两分钟后就不到 12 马力了。然而他们只期望得到 8 马力，他们计划的飞机重量达 272 千克，现在他们还有 68 千克的余地可以用来加固机翼和其他部位。由于不知道那么大的发动机应该发出多大的马力，因此莱特兄弟对这台发动机已经是十分满意了。很久以后，他们才发现那台发动机应该提供大约两倍的马力。正如他们后来说的，问题是他们"缺乏制造汽油发动机的经验"。

这架动力飞机的翼展为四十米多一点，上翼与下翼的距离为 6 米。为了减少发动机会砸到驾驶员身上的危险，它被置于下翼中央稍微偏右一点的地方，就像在滑翔机上一样，驾驶员俯伏在下翼中央稍微靠左一点的地方，以便使机翼上的重量平衡。为了防止飞机在着陆时滑倒，雪橇似的滑橇伸出到比滑翔机的机翼更靠前一些的地方。这两条滑橇长达 4 英尺，中间相隔约 0.2 米。飞机的机尾是两块活动翼，而不是像 1902 年的滑翔机那样只有一个尾翼。

莱特兄弟把螺旋桨的设计工作放到最后才去做，虽然遇到了一些困难，但最终，错综复杂的问题还是被一一解决了。

夏去秋来，一切准备工作都已就绪，他们把飞机拆开装箱，准备启程去基蒂霍克。

1903 年的 12 月 14 日，天气晴朗，风势亦不太强劲，飞机停在沙滩上预先铺设的木轨上，木轨外面包以铁皮，以便于滑行，他们决定今天试飞了。

试想，在这种严寒的季节，如此偏僻的地方，莱特兄弟虽然发出几十张的请柬，但实际上有兴趣来参观的，只不过寥寥几个个人而已。

威尔伯顾不了这些，他首先登上飞机，俯伏在下层机翼的中央，手握升降器的操纵杆，心脏不住地狂跳。

　　当引擎发动时，机身猛然前冲，由于冲得太快，当围观的人们的喝彩声刚刚喊出口，却迅即变成惊叫。原来，飞机本是笔直冲向天空的，但是突然间却冲向地面，威尔伯在慌忙中曾试图以陡直的角度使机身上升。接着，又把操纵杆按低，于是，在前进了一百米左右时，机头就往下摔落下来了。

　　幸好，威尔伯没有受伤，只是机翼撞坏了一部分，也算是不幸中之大幸了。

　　经过两天的修理，到了十六日，又是一个晴好天气，奥维尔迫不及待地要继续试飞。

　　引擎发动，螺旋桨开始旋转，奥维尔手握升降器的操纵杆，机身升空了，它迎着强劲的风，缓缓飞行。

　　人们把飞上天空这件事讥讽为梦想、妄想，但毕竟是实现了！

　　奥维尔连续飞行了 12 秒钟，然后迎着强风，平平稳稳地着陆了。

　　威尔伯兴奋地奔过去握住弟弟的手，激动地说："强风固然会使飞行时较为困难，但也可以使降落时较为缓慢而安全，我们又获得一次宝贵的经验。"

　　"是的，趁风势未变以前，哥哥也来试飞一下吧。"奥维尔说道。

　　威尔伯登上飞机，熟练地发动引擎，飞机顺利地起飞了，也在空中逗留了 12 秒钟。

接着，又轮到奥维尔作第三次的试飞，在空中逗留的时间更久，降落时也更平稳了。

在中午以前，威尔伯做第四次的飞行，由于操纵得法，飞得极为平稳，一共飞行了 59 秒。划时代的 59 秒，莱特兄弟为之雀跃不已！

正当他们欢欣庆贺的时候，突然刮来一阵强风，把机身吹翻了过来，并连续滚翻了几次，两兄弟奋力抢救。因为风势很强且机身太重，眼看自己的心血结晶毁于一旦，他们不免觉得心痛，继而想到，试飞已经成功，这不是任何代价可以换取得到的，何况，机身坏了，可以修理，两者相比，也该满足了。

莱特兄弟本来的意思是，有关飞行成功的消息暂不发表。等他们回到代顿后，由自己家乡的报纸首先报道，这样更具意义。

没想到基蒂霍克气象局的一位职员，把这消息以电报告知了诺福克港的一位朋友，于是，消息就这么传开了。

后来，莱特兄弟专门给自己家中的父亲发了电报。

任何人都有一份乡土观念，每个人都热爱自己的故乡，个人的成功，也是故乡的荣耀。莱特兄弟本想把飞行成功的喜讯，首先由《代顿日报》发表，让乡人共享光荣，当他们回到代顿以后，就去造访该报的负责人，把飞行成功的详细经过告诉他，没想到，对方的反应却很冷漠，莱特兄弟看在眼里，知道多说无益，也就告辞了。

一些尖酸刻薄的人，极尽挖苦、嘲笑之能事。有些人认为莱特兄弟是大骗子、神经不正常、说谎者。种种恶意的讥评，实在令人难受。

好在父亲和妹妹对他们竭力鼓励、安慰，而使他们得到了一些慰藉。

过去，父亲基于安全的理由，也曾反对他们两兄弟从事这种冒险而又毫无把握的事业，后来渐渐地发现他俩对这方面的喜爱异于常人，不忍过分地加以阻挠。如今见到他俩已经有了如此的成就，如果继续研究发展下去，那么对人类生活，必会有很大的贡献。于是，米尔顿的态度由反对、默许转而变为鼓励了。

再接再厉

莱特兄弟在制造动力飞机的工作中，得到的最大的鼓舞就是他们获得了全人类第一个飞行成功的荣誉。然而他们还没有设计出实用的飞机。当时，他们甚至还不能预见飞机的各种用途。他们开始只想到飞机

莱特兄弟发明的飞机

今后能在战争中执行侦察任务，能往交通不便的地区运送邮件，能够探险，还能够用作体育器材。

1904 年春季来临，莱特兄弟开始忙于制造另一架新机，机翼比以前加长了一些，机身上装有一具 17 马力的引擎，机身总重量为 400 千克。为了承受如此重量的机身，所以滑橇部分也得加强，以保证着陆时的安全性。

为了进行飞行实验，他们首先需要的是一块合适的场地，当然不能离家太远。他们在离代顿市 13 公里的地方，找到了一个牧场。那里土地平坦，附近有一条主要铁路和锡姆斯火车站。这个牧场是代顿市银行家托伦斯·霍夫曼的农场的一部分，人们称它为霍夫曼草原。

莱特兄弟毫不犹豫地向霍夫曼进行了自我介绍，并问他能否把牧场租给他们进行飞行试验。霍夫曼答应了莱特兄弟的要求，并说欢迎他们来免费进行试验。1904 年 4 月 15 日，莱特兄弟在霍夫曼草原建起了一座简陋的木棚，以便准备他们的试验。

当这架新机完成之后，父亲米尔顿曾经抽空来看过这架新成品，不住地点头称赞说："你们过去用来做试验的，只是在滑翔机上，加装一具马达而已，现在才真正像是一架飞机呢。"

听到父亲的赞誉，兄弟俩心中感到无比的温暖。

莱特兄弟预定在 9 月间的某一天正式试飞，事前曾向报社及有关方面发出过请柬。事实上，准时来观赏的人，仍然不多。

试飞的那一天，晴空万里，秋风送爽，父亲和妹妹一大早就赶到了。他们夹在人群中，注视着即将升空的怪物。

引擎发动了，接着，螺旋桨猛转起来，机身向前滑行了一段距离后，就悠然飘升起来了。

人群中响起了欢呼声、鼓掌声，米尔顿主教抬头仰望自己的儿子从头顶掠空飞过，两行热泪，夺眶而出。

虽然飞行成功是千真万确的事，但当地的报纸仍不愿详细刊载。莱特兄弟并不在意，他俩经常在牧场上作飞行练习。一则磨炼飞行技巧，二则可以继续研究、改进。

第二年的秋天，兄弟两人的驾驶技术已经非常纯熟，在空中逗留的时间，由十几分钟进而延长为将近一小时。

这时候，凡是路过牧场的人，都会好奇地驻足观赏，认为是一项奇迹，但是一些顽固的人们，仍然将其看作是小孩子玩的怪异风筝而已。

莱特兄弟过去有一点积蓄，再加上经营脚踏车店所赚来的钱，现在已经全部都用在了飞机的研究和制造上。攒存的钱已经告罄，而未来的研究工作却无法中断。

两兄弟和父亲、妹妹举行过一次家庭会议，决议是请求政府补助。

莱特兄弟着手草拟了一份文情并茂、辞意恳切的陈情书，寄到了华盛顿。陈情书的内容，首先大致是叙述他俩受到德国人李林达尔的启示，开始研究滑翔飞行，随后，就进一步地在滑翔机上装设马达，成为一架动力飞机。继而经过一再改良，已由滑翔机形态，转变成正式的飞行物体，如能获得政府补助，便能继续研究、发展下去。在未来的交通或军事方面必能有所贡献，请政府比照以前有过的先例，允许拨款补助。

在这期间，曾经有过一个演艺团体派人来接洽，希望莱特兄弟加入进去成为合伙人，然后到各地去表演。他们深信这种名利双收的事必定会得到同意的，却不料，莱特兄弟断然拒绝了。因为兄弟俩志不在此，他们有更高远的目标。另外，也经常会有银行家主动表示，愿意资助兄弟两人。这些脑满肠肥的银行家，无非是想利用专利来捞上一票，他们何曾是真正对航空事业热心啊，于是，莱特兄弟也都予以了婉拒。

可是，寄去华盛顿的陈情书却如石沉大海，杳无音讯。而他们的经济状况也日见窘迫，几乎快到了难以为继的地步，迫不得已，只得由父亲出面，辗转托人向政府当局探询。

没过多久，总算收到了政府的答复。结果是政府做出了婉拒。

莱特兄弟正感彷徨无计的时候，事情却意外地有了转机。

有一位法国军官，名叫法培尔的，他是陆军汽球队的委员，在某一军校担任教官，非常热衷于飞行事业。当年李林达尔试验滑翔机时，就已经令他十分向往。1904年听到莱特兄弟动力飞机试飞成功的消息时，更是钦佩不已。他写了一封长信给莱特兄弟，一来表示仰慕之情，二则表示希望与他们互相切磋有关飞行上的许多技术问题。

威尔伯手握来信，和弟弟奥维尔商量说："我国政府不能采纳我们的建议，自有其理由，也不必埋怨。欧洲国家可就不同了，他们的四周都是敌人，彼此钩心斗角，虎视眈眈，谁都想发展新武器。据我看，唯有到欧洲向他们求助。"

"看来，也只有如此了。哥哥，我们就透过法培尔先生向法国政府联络一下看看。"奥维尔说。

很快，法培尔有了回信。大意是，法国政府原则上愿意资助他们的事业，但需要他们到法国亲自表演。以证实飞机的性能，再作决定。

兄弟俩兴奋不已，多年来的心血结晶，终于受到赏识。

当时，美国陆军部有鉴于国内飞行知识的进步提高，感到这是潮流所趋，因此也开始考虑要收购飞机了。于是他们在 1907 年年底公布了征购条件如下：

（一）机身总重量 159 千克，可以乘坐两人。

（二）飞行速度应在每小时 40 公里以上，飞行时间在 1 小时以上，且燃料必须储备充足。

（三）起飞及降落装置必须坚固安全。

（四）操作要简便，机身必须容易拆卸、装置和搬运。

莱特兄弟相信他们的飞机绝不输给法国或德国的产品。威尔伯准备让弟弟留在国内，以便参加陆军部的开标比价，自己则只身前往法国，作首度公开的表演。

威尔伯震惊欧洲

1908 年 6 月，威尔伯抵达了法国巴黎。

接待人员以及一群前来欢迎的人士，看到走出车来的是一位衣着随便、朴质无华的中年人，头戴一顶便帽，高高瘦瘦的身材，在气质上来说，倒像是一个文人学者似的，因此，不免对他有点失望。当人们听说美国并没有飞行协会这一类组织时，更感惊异，并对他投以不信任的轻蔑眼光。

威尔伯看在眼里，却不去计较，他选定距巴黎不远的罗·蒙里作为表演场地。友人法培尔给予了他不少协助。

1908 年 8 月的某一天，正式公开表演的日子到来，一时冠盖云集，观看表演的绅士淑女络绎于途，场地四周挤满了人。

经过莱特兄弟改良的飞机，装置了 30 马力的引擎，驾驶人可以坐在机翼中央，不需吃力地俯伏驾驶了。

威尔伯身着一袭普通的工作服装，头戴便帽，微笑着向观众致意后，就爬上机身，大家屏息注视，原野上突然变得寂静无声。

忽听到马达声响起，螺旋桨飞快地旋转起来。飞机缓缓地滑向前去,不一会见悠悠升空了,四周的欢呼声,响彻云霄。

"太妙了，你看上升的姿态多美！"

"他确实不是吹牛的人！"

"飞得四平八稳，令人羡慕，恨不得我也上去试一试。"

人潮中发出一片赞美声，当他回航降落时，人们一拥上前，纷纷和他拥抱、握手，威尔伯立刻成了大家崇拜的英雄。当人们争相赞叹时，威尔伯却谦逊地说了一句话："我在飞行时，自觉曾经犯了一些错误，不过，我会注意改进，谢谢各位的关怀。"

法国的报纸对这条新闻以巨大的篇幅刊载。社会名流争相邀宴,使威尔伯有点应接不暇。他和那些达官贵人交谈时，总是态度诚恳，不卑不亢。这位默默无闻的美国机械师，赢得了法国人普遍的好感。

在以后的几次飞行中，他表现得更为优异，不但是直线飞行，在空中绕圈子，而且还能作各种花式飞行，使得观众看得目瞪口呆，惊诧不已。印着飞行图片的邮政明信片风行一时，人人争相抢购，留作纪念。

威尔伯在法国的声誉日隆之际，国内却传来一个不幸的消息，几乎使他的精神濒临崩溃。

1908 年 9 月中旬的某一天，威尔伯一大早正准备出门,侍者送来一份来自美国的电报：奥维尔飞行失事受伤，同乘者当场死亡。

威尔伯双手颤抖。如同遭到晴天霹雳,半晌说不出话来,他跌坐在沙发上,陷入沉思。

就在这时候,侍者又递上一份电报。他迫不及待地拆开,愁结的眉头逐渐舒畅了,电报内容是:奥维尔折断腿骨,生命无虞,勿念。

第11天,他又振作起精神,从事飞行试验了。不巧得很,当天的气候不佳,在飞机加满油料准备起飞前,却下起蒙蒙细雨来,助手劝他停止试飞,威尔伯说:"在任何情况下,都得一试,以考验飞机的性能。"威尔伯不顾恶劣的天气,升空试飞了几分钟后,平安地着陆了。

在1908年的10月间,经过几次试飞,成绩一天比一天好。好友法培尔更是为他欣喜不已,两人把酒庆祝时,威尔伯向他表达了另一个心愿,他说:"我有信心可以获得'墨修朗奖',我需要一笔钱以便解决许多问题。"

"我相信你会如愿的,来,干杯!预祝你成功。"

"墨修朗奖"是汽车轮胎发明人墨修朗氏所设,每年颁发一次,凡是当年飞行距离及时间保持最长纪录的人,就能获奖。奖品除了一个大型金质杯外,另外还有两万法郎(合约4千美元)的奖金。

以法国人的立场来说,当然不希望这种荣誉落于外人之手,一些飞行家们虽然拼命努力,却始终赶不上威尔伯的纪录,心里着急,但又无可奈何。

12月16日,威尔伯又使目击者大为吃惊,他在61米的高度关掉发动机并让飞机慢慢地滑翔下来。在 12 月 18 日，他飞了 1 小时 54 分 53.4 秒。那一天晚些时候，他又赢得了萨尔特航空俱乐部为 100 米高度所设的奖金。威尔伯那天比所要求的高度还增高了 10 米。这是飞行高度上又一个新的世界纪录。12 月 31 日，也就是他在奥尔营飞行的最后一次，他创造了令人难以置信的纪录，在天空中持续飞行了 2 小时 30 分 23.3 秒钟。为了这一功绩，他赢得了 4 千美元（2 万法郎）的"墨修朗奖"。

法国政府派人来跟威尔伯正式谈判收买莱特飞机的专利权了。

当初，莱特兄弟向美国政府提出购买专利权的价格是 50 万美元。如果法国政府有意购买，那么就不能低于此数。

可是，法国政府只愿出五十万法郎（约合 10 万美元），威尔伯一口拒绝了。

好友法培尔为了这件事，虽然竭力奔走，但还是没能成

莱特兄弟欧洲表演

功。但是，这并未损及他俩的友情，威尔伯对这位异国友人，始终是满怀感激的。

巴黎附近的冬天，气候寒冷，而且晴天不多，已不适于飞行。于

是，威尔伯决定迁到波城去。波城坐落在比利牛斯山脉的边缘，是一座有着 3.5 万人的美丽的冬季旅游城市。该城向威尔伯提供了试验场地和飞机库。1932 年，在波城也建立了莱特纪念碑。

威尔伯很热心地指导有志于飞行的青年，除了讲解原理以外，更经常带着他们实地操作，从修理、维护、驾驶、控制中获取宝贵的经验，以便使他们成为知行合一的理想人才。

威尔伯的诲学不倦，赢得青年们的普遍崇敬，不久，欧洲各地慕名求教的青年，纷纷涌向波城。最后，终于成立了一所由威尔伯·莱特领导主持的飞行学校，这也是世界上最早的一座飞行学校。威尔伯在欧洲播下的种子，开始发芽了。

威尔伯不打算在波城再创造任何新纪录，而是把他的大部分时间用来教授年轻的飞行员。

威尔伯在波尔城教导青年飞行的期间，由于他早已名闻遐迩，所以，慕名来访的人非常之多，其中不乏达官显贵，甚至于国王。

2 月，西班牙国王阿方索带着他的随从人员到达波城。在飞机场，人们把威尔伯介绍给他，"能见到你使我感到很荣幸，也很愉快。"国王说。

阿方索几乎比所有的人都更表现出对飞机的孩子般的热情。他也急于飞上天去，可是王后和他的内阁大臣坚决地劝止了他。可他还是爬上了飞机，坐在驾驶员的座位上，着迷地听着威尔伯详尽地给他解释飞行的每一个细节。

不久以后，也就是 3 月 17 日，另一位国王来到了波城，英国的爱德华七世是在侍从的陪同下乘汽车从附近的比阿里茨来的。爱德华表现了他通常那种彬彬有礼的习性。他没有询问有关飞机的技术细节，他的兴趣只是看看飞行，再接见一下莱特兄弟。

另一些前来波城的著名人物中有一位是英国前首相阿瑟·鲍尔弗勋爵。当威尔伯准备飞行时，来访者总是争着帮他拉绳子，把吊锤拉上发射架。鲍尔弗坚持说他不应该被拒绝享受"参加一个奇迹般事业的特权"。结果他如愿以偿。那一天得到拉绳子"特权"的还有一位年轻的英国公爵。

很久以后，威尔伯公开作出了这样的评论：我从来没有见过比他们更真挚的人了。

衣锦返乡

1909 年，威尔伯·莱特在欧洲完成任务，载誉乘船回国的途中，回忆起往事，思潮起伏。

兄弟两人自幼喜爱机械，进而憧憬于空中飞行，先从玩具风筝开始，随后以外行人身份，办起报纸来，再又改行开设脚踏车店，由于受到德国人李林达尔滑翔机的启示，引起了极大的兴趣，撇开脚踏车业务，专注于滑翔机的研究。几经波折，不仅滑翔成功，而且还装上动力装置，成为目前的"莱特号"飞机。

可惜，慈母早逝，不能亲眼看到他们逐步走上成功之途！

船抵码头，弟弟奥维尔和妹妹卡特琳娜早已接获电报，前来迎候了。手足相逢，千言万语，不知从何说起。

"哥哥！恭喜你在欧洲创下了那么骄人的成绩。"奥维尔首先抑制住激动的情绪，向哥哥道贺。

"哥哥！你看上去消瘦了不少。"妹妹开怀地说。

"你的腿伤怎么样？"威尔伯唯一关心的是弟弟的伤势。

"没问题，腿骨虽然折断，好在我还年轻，经过治疗后，已经完全愈合，和常人无异了。"

"不会影响生活吧？"

"绝对不会。"

"妹妹，父亲还好吧？"威尔伯转过头去问卡特琳娜。

"老人家的身体很硬朗，听到你享誉欧洲的消息，他高兴得不得了，好几次喃喃自语地说，可惜凯塞琳不能看到孩子们的成就！"卡特琳娜的话，引起了一阵伤感，兄妹三人都已热泪盈眶。

这一幕感人的镜头，被拥来探访新闻的记者们拍去了。

代顿洋溢着一片欢欣。一清早，到处张灯结彩，挂满了国旗，人人都为这位征空英雄即将荣归故里而分享欢愉。

当兄妹三人同乘一辆马车刚进入市镇，就听到教堂的钟声和工厂的汽笛齐鸣，接着是礼炮声响，直入云霄，市

莱特兄弟生活照

民们站立街道两旁，楼上每处窗口都挤满了人头。首先进入市区的是前导的乐队，在掌声、喝彩声、欢呼声中，马车缓缓地驶过街道。威尔伯·莱特以一向特有的和蔼、谦逊的笑容，向夹道欢迎的群众答礼。妹妹卡特琳娜感动得热泪直流，不时掏出手帕在擦拭。一向被视为疯子、怪人的莱特兄弟，如今却成为人人仰慕的英雄人物。

这次欢迎盛典，持续了三天之久。至于地方名流的邀宴更是一场接一场。各界的访问，使得两兄弟应接不暇。两兄弟尽可能地婉辞了一些不必要的应酬，把更多的时间埋首于飞机的改良，以及飞行技术的研讨上。

新纪录的诞生

"前次你载人试飞，不幸出现事故，到底原因何在？"当兄妹等返回代顿后，威尔伯迫不及待地想知道那次失事的真实情况。

"机身的各部门都没有问题，只是在起飞后不久，螺旋桨突然折断，以致造成急速倾倒而导致其坠毁，这是始料未及的意外！"奥维尔解释道。

"机身能够向前飞行，全靠螺旋桨的运转，这种快速旋转的螺旋桨，必须质地坚固才行，今后我们得特加注意。至于其他部位，也互有关联，绝不能有丝毫的疏忽。我们不能让一般大众把航空事业看作是冒险的事情，否则的话，今后就别再想推动发展了。如果那样，我们多年来的心血也就白费了。"威尔伯总结着，下此结论。

如今奥维尔的伤势早已复原，又经过多次的练习试飞，情况已较为良好。

哥哥威尔伯誉满全欧，现在已经衣锦还乡，在飞行技术上将可给予奥维尔莫大的帮助。于是，此时的奥维尔再度向美国陆军部提出申请，作第二度的试飞。

在威尔伯还没有回来之前，奥维尔新制的飞机在初春已经作过多次实验飞行。

一天，奥维尔在哥哥的鼓励下，曾顺利地单人飞行了1小时20分40秒。过段时间就要举行两人同乘的飞行试验，威尔伯对他深具信心。

1909年6月底，陆军部指定的试飞日期到来。莱特兄弟制造的飞机性能优良。他们的飞行技术娴熟、高超。因此，这次的飞行，轰动了全国，前来观看的有陆海军高级军官、政府官员、议院的议员、科学家、实业家、新闻记者，以及一般民众。

华盛顿郊外的试飞场地——梅耶要塞真可谓盛况空前。

　　飞机已经停放在轨道上，天空中的白云，悠闲地飘荡着，微风拂面，令人舒畅无比，是一个适合飞行的好天气。

　　人们在纷纷谈论着。

　　"几个月前的惨事，大概不致重演吧。"

　　"那次是一项意外，不可能再发生的。"

　　"莱特兄弟的成功，不仅是他俩的荣誉，也是美国的光荣。"

　　"你瞧，总统都莅临了，足可见得政府对这件事的重视……"

　　"你看，莱特兄弟出现了。"

　　……

　　奥维尔由哥哥威尔伯陪同，步向机身，四周的观众霎时都沉寂了下来，几千双眼睛注视着他俩。

　　奥维尔和威尔伯边走边谈，威尔伯对他面授机宜，并不时拍拍弟弟的肩膀，予以鼓励。当他俩走近机身时，和他同乘的赖萨姆中尉已经站在机旁等候了。威尔伯走过去，向他握手致意，预祝飞行成功，赖萨姆中尉满怀感激地微笑致谢。奥维尔首先爬上驾驶座，赖萨姆中尉接着坐在奥维尔的身旁，熟练地系上安全带。啪……啪……引擎发动，螺旋桨开始旋转，奥维尔举手示意，威尔伯将旗子一挥，机身慢慢地向前滑动了。观众席上的总统一眼不眨地注视着滑行的飞机，不一会儿，机身缓缓升空，总统吁出了一口长气。

　　数千群众发出如雷鸣般的掌声，夹在观众中的妹妹卡特琳娜和好友爱德，比任何人都要兴奋。

　　奥维尔架着"莱特号"依照陆军部的规定，在场地上空做盘旋式的飞行，一圈，两圈……观众的视线随着机身转，五十圈、六十圈、六十五……快接近指定的一小时了。

　　观众们静待着，不久在机声轧轧中，地面上号笛响起，信号旗不停地挥舞，表示已经到达规定的飞行时间，可以下降了。

　　掌声、欢呼声响彻云霄，如醉如痴的数千观众，人人挥舞手帕，抛掷帽子，几近疯狂。飞机仍在不停地盘旋，似乎对指示降落的讯号毫无所悉的样子。

　　"咦！地面上早已指示他降落，他难道没有看到吗？"

　　"不可能的。"

　　"那么，为什么不降落？"

　　"奇怪！会不会机件出了毛病，无法下降？"

　　"很难说，但愿过去的悲剧不再重演。"

　　"你们瞧，他哥哥韦威尔伯·莱特似乎毫不着急，好像胸有成竹似的。"

　　"看他那副悠然的神情，我们也可稍微放下心来。"观众们个个心怀忐忑地纷纷猜测着。其实，威尔伯确实是胸有成竹。他知道，奥维尔在没有打破自己在欧洲创下的两人同乘飞行纪录以前，他是不愿下降的。

　　评审席上的计时员转过头来，高声地对威尔伯说："你的弟弟马上就要超过您在欧洲的纪录了。"

威尔伯含笑颔首。他在想，奥维尔不但已经超过了我的一小时又五分的纪录，他一定还想创造更佳的成绩呢。

威尔伯怀着极度兴奋的心情，仰望着在空中盘旋的机身。露出欣喜的笑容。

奥维尔在大众的注视下，终于缓缓下降了。几个月前，在同一地点，他躺在血泊中被抬送救治，如今却成了征空英雄。他和赖萨姆中尉走出机身时，四周再度响起如雷的掌声和喝彩。他俩微笑着挥手向四周答礼。评审席宣布，奥维尔驾驶两人同乘的时间是 1 小时 35 分 20 秒，创造了新的世界纪录。威尔伯首先奔过去和他俩拥抱，然后又陪同他俩走向总统席前。总统满面笑容，起立相迎，他幽默地赞誉说："机身上下都没有一点破损，两位却打破了世界纪录，这不只是你们的光荣，也是美国的光荣。"

"总统先生。我只不过是打破我哥哥的纪录而已！百尺竿头，还得更进一步努力才行。"奥维尔谦逊地回答。

奥维尔和威尔伯步出场地，一眼瞥见等候多时的卡特琳娜和好友爱德，四人相见，真有说不尽的欢愉，卡特琳娜激动地喊了一声"哥哥"，就哽咽着再也说出一个字来。

奥维尔访欧

1909 年 9 月，奥维尔接受德皇的邀请，赴欧表演。当时的德国，正在大力鼓励飞行。

奥维尔在妹妹卡特琳娜的陪伴下出发去柏林。奥维尔在完成了希尔德布兰特上尉代表《地方新闻报》安排的飞行表演后立即就要为德国莱特公司训练一名飞行员。

在德国的飞行表演是在柏林市郊的阅兵场——滕珀尔霍夫广场举行的。在进行首次飞行那天，狂风大作，陪伴着奥维尔到广场来的希尔德布兰特上尉很矛盾，他既不想让观众们失望，又害怕看见奥维尔担太大的风险。到底飞还是不飞？奥维尔对希尔德布兰特说他将按主人的愿望办事。

希尔德布兰特说："好，那我们今天不飞了。"

第二天，到场的人更多了。奥维尔在天空中做了一次 15 分钟的飞行。

他着陆以后，狂欢的人群围拢过来，他们的热情几乎使他窒息。人们争先恐后地挤到他的身边，他们不仅希望能有机会就近看一看他，而且想要碰碰他，摸摸他。男人们、女人们、孩子们都对他伸出热情的手。很明显，人们相信与这位创造奇迹的人身体接触一下，也是非常荣幸的事情。

后来，当奥维尔在空中飞行了 55 分钟后，包围着他和卡特琳娜的人群是那么密集，以至于奥维尔觉得有责任尽快远离他的伙伴们，以免他们在拥挤中受伤。后来德国士兵组成了人墙，以使人群停留在安全的距离之外。

德国王储弗雷德里克·威廉寻机与奥维尔取得联系，要求观看飞行。

他打了一个电话到埃斯普拉纳德旅馆奥维尔的套间里。电话是由卡特琳娜·莱特的德语翻译———一个德国姑娘接的。

当这位姑娘发现电话那头竟是一位皇室成员在说话时，她吓得丢下话筒，几乎晕了过去。当旅馆的工作人员得知皇室成员正在找他们的两位房客时，他们惊慌的心情也不亚于那位姑娘。

奥维尔与他的妹妹应德皇威廉本人的邀请出席了（唯一的两位平民客人）8 月 29 日齐伯林伯爵驾驶的最近制造的飞艇的飞行表演。这次飞行将从腓特烈港起飞，降落在柏林的泰格尔广场。

见到冯·齐伯林伯爵后，奥维尔主动提出第二天带他乘飞机飞行。

伯爵在说了一堆赞扬话后，以没有时间为由谢绝了邀请。可是他又邀请奥维尔陪他于 9 月 5 日一起进行从法兰克福到曼海姆的飞艇旅行。奥维尔接受了这一邀请。在这次旅行过程中，奥维尔通过他口袋中的一个计秒表和数电线杆，便能了解有关飞艇速度的报道是否准确。早在1907年莱特兄弟在欧洲时，他们就曾经看到过飞艇在不止一个国家飞行。他们注意到德国德·格罗斯飞艇是唯一一架公布了飞行速度的飞艇。他们所需要的就是知道飞艇的长度，然后在使用一个计秒表的同时，目测一个建筑物的某个角，他们便能估算出每一秒钟这个飞艇前进了几个艇身。

9月16日，奥维尔把世界飞行高度的纪录从100米提高到172米。

两天以后，他又创造了一项新的世界纪录，他载着保尔·恩格尔哈特飞了1小时35分47秒钟。

奥维尔在德国后一阶段的飞行表演是在波茨坦附近的贝恩斯塔特进行的。就是在那儿，他为德国莱特公司训练了两名飞行员——恩格尔哈特上尉和赫尔·凯德尔。

德国王储第一次见到奥维尔，就毫不隐瞒地表示了他的心愿：盼望作为一名乘客飞上天。早在9月9日，奥维尔就为他进行了一次15分钟的特别飞行，尽管奥维尔愿意满足他的愿望，可是考虑到德皇很可能不会同意，因而难以作出决定，他一次又一次地找借口拖延着。奥维尔曾经受到过警告，要是他违背德皇的意愿载着王储飞行，那他立刻就会变成不受欢迎的人。在奥维尔看来，谨慎的方法是把这事通知皇室成员。

皇室成员一次又一次地到贝恩斯塔特广场来，奥维尔遇到他们中的任何一个人都会谈到他和王储不久将要进行一次飞行。由于没有任何人提出反对意见，德国王储终于在 10 月 2 日成为皇室家族中第一个乘飞机上天的人。飞机着陆后，王储送给奥维尔一枚宝石胸针作为礼物——用红宝石制成的王冠，宝石上有一个代表王储威廉名字的字母"W"。

在这同一天，奥维尔在一次非正式的飞行中创造了 488 米高的世界纪录。

10 月 15 日，奥维尔在德国作了最后一次 25 分钟的告别飞行。德皇威廉也观看了这次飞行，他热情地直率地谈到对飞机的看法，他说他相信飞机将使战争发生根本性的变化。当然他还谈到飞机能够用于不同的军事用途。给他印象最深的是飞机的机动性，奥维尔曾在不到 31 米宽的空间飞了完整的圆圈。

当奥维尔在德国进行这种轰动一时的飞行表演时，在美国的威尔伯正在做着分担给他的另一部分光荣的工作。9 月 29 日，在哈尔逊—富尔顿的庆祝仪式上，威尔伯做了惊人的飞行表演，观看的人数达到了一百万。有两次飞行表演是在加弗纳斯岛上空进行的。另一次是从加弗纳斯岛上起飞，绕自由女神像一圈后再飞回去，10 月 4 日，威尔伯从加弗纳斯岛起飞后，沿哈得逊河飞了 34 公里，飞过格兰特陵墓后又飞回原地。

这是飞机诞生以来很大胆的一次飞行。为了谨慎起见，威尔伯事先买了一艘红色的独木舟,并将它安在飞机的下部,独木舟的船舱被蒙上油布使其密封,不漏水。威尔伯想,要是在飞行中出了什么事,独木舟也能像一个救生圈或者浮筒一样使飞机浮在水面上。当他在河上飞越渡船上空时,从船舱烟囱里冒出的滚滚浓烟使飞机上下颠簸,这在人们看来是十分惊险的了。

第二次飞行计划在那天下午进行。很多有权势的人都申请进入加弗纳斯岛上的军事禁区观看这次飞行表演,可是他们大为失望,因为飞机发动机的一个汽缸出了故障,使得这次一系列的飞行表演提前结束了。

几乎就在哈得逊—富尔顿庆祝会刚一结束,按照美国政府购买一架莱特飞机的合同所要求的,威尔伯又立刻着手准备把两名陆军通讯部队的军官训练成为飞机驾驶员。这个工作是在华盛顿附近马里兰州的学院公园里进行的。受训的两人是弗兰克·拉姆中尉和汉弗莱。训练于 10 月 8 日开始,10 月 26 日结束。作为一名旅客,拉姆中尉第一个飞上蓝天,现在他又第一个接受了飞行教育。可是汉弗莱比拉姆早几分钟进行了单飞。

从 10 月 23 日到 27 日,威尔伯还给本杰明·福洛伊斯中尉讲授了飞行课。

奥维尔和卡特琳娜乘"亚得里亚号"海轮离开了欧洲,于 11 月 4 日抵达纽约。离开德国后,奥维尔调查了新近成立的法国莱特公司的情况。

调查表明这个公司的前景将会是令人失望的。兰伯特伯爵曾通过驾驶一架莱特飞机在巴黎上空飞翔，环绕和飞越埃菲尔铁塔来为这家公司做了最好的广告。可是法国莱特公司很明显更多的是依靠政治影响和招待那些要人，而不是依靠卓越的推销术。在购买飞机的问题上，陆军部由于害怕公众的批评还在犹豫着。有一次陆军部长皮卡特将军问莱特兄弟，他们是否能直接从美国买到莱特飞机。

　　莱特兄弟的回答是否定的，因为这种做法同与法国公司签订的合同是相抵触的。此外，还有另一条理由，那就是在美国还没有组织起飞机的大批量的生产，尽管当时在欧洲已有两家制造莱特飞机的公司，可是在美国还没有一家。

事业有成

成立公司

　　法国和德国成立了两家制造莱特飞机的公司以及意大利买了一架莱特飞机后，人们以为美国的大商人会看到莱特专利的经济效益。发明家们也确实听到了这方面的建议。来自底特律的帕卡德汽车公司的有权势的股东第一个在美国订做了一架莱特飞机供私人使用。可是美国第一家制造莱特飞机的公司是一个年轻人创立的。

　　这个人就是克林顿·珀特金，他那时只有24岁，长相看上去还更年轻一些。仅仅一两年以前，他还是摩根公司的一个办公室勤杂员——他从15岁起就开始做这一工作。他很明智地利用他在公司里工作的机会，学到了开创商业事业的知识。

　　后来由于生病，珀特金从西部回来。他想办一个企业，可他不知道莱特兄弟是否同意成立一个飞机公司。一次偶然的机会，他听说威尔伯要在纽约的帕克大街旅馆住几天。1909年10月，珀特金去找了他。

　　威尔伯非常平易近人，他很友好地接待了珀特金。尽管看来他对珀特金的建议并不非常重视。在回答对方的问题时，威尔伯说他和他兄弟并没有打算成立一个公司，除非这个公司里将有一群举足轻重的人。他们想要知道有哪些重要的人物愿意参加这个公司。珀特金说他认识摩根，他有可能会对此感兴趣。

威尔伯既没有表示同意也没有表示不同意，只是告诉珀特金，要他继续干下去，看看他能够做到什么——毫无疑问，威尔伯想，这个年轻人不久就会泄气的。珀特金去见了摩根，后者告诉珀特金，说他愿意入股，而且他还愿意为他的朋友、美国钢铁公司的首脑贾奇·埃尔伯特·加里认购股份。

见过摩根以后，珀特金热情地把他的计划告诉了他的一位远房亲戚、一位金融律师事务所的工作人员。那家事务所的主要合股人德兰西·尼科尔碰巧听到了珀特金的话，他对此十分感兴趣，他提议说他也许能够给他们以帮助。这对珀特金来说真是一个好消息。他不可能找到一个更好的伙伴了，因为德兰西·尼科尔在国际金融界交际很广，有许多亲密的朋友。他所要干的就是引起他的朋友们的兴趣，而这只不过是打几个电话而已。

在一个很短的时间里，一个给人深刻印象的名单开出来了。那上面都是一些有经济实力的人，他们愿意成为未来的飞机公司的股票认购者。他们中的许多人都是运输界的知名人士。名单包括：科尼利厄斯·范德比尔特、奥古斯特·贝尔蒙特、蒙华德·古尔德、西奥多·肖恩茨、艾伦·赖恩、莫顿·普朗特、安德鲁·弗里德曼，还有伯温德。肖恩茨是纽约各区地铁的总经理；赖恩是伯利恒钢铁联合企业董事长的儿子；普朗特是西部捷运公司董事会主席和芝加哥、印第安纳波利斯、路易斯维尔铁路的副总经理；伯温德是伯温德—怀特煤炭公司的董事长，他在与大轮船公司签订的合同中捞到了巨额利润；弗里德曼曾独创性地把钱投资到体育事业，从而使他成为营业性体育比赛的包办人，然后他又把钱投资到金融业，后来他又出钱在纽约建立了安德鲁·弗莱德曼疗养所。

莱特兄弟希望这家航空公司也能包纳他们的朋友——《柯里尔》周刊的发行人柯里尔和底特律的阿尔杰兄弟。这些名字立即被加进了公司创办者的名单。

可是摩根和加里并没有列入股东的最后名单，因为其他一些股东不愿意摩根加入这个公司，认为摩根太专横跋扈，他坐在哪个位置上就要成为那一桌人的首脑。

到 1909 年 11 月 22 日，也就是珀特金第一次与威尔伯谈话后仅仅一个月的时间，莱特公司便建立起来了，股本达20 万美元。

卷入商业活动

作为在美国出卖专利权的报偿，莱特兄弟除了按规定获得所有卖出飞机的 10% 的金额外，还接受股票和现金。从此以后，莱特公司将承担对所有专利侵犯者起诉的费用。

按照莱特兄弟的看法，现在一件美中不足的事情就是他们比以往任何时候都更多地把自己卷进了商业活动。他们曾经幻想完全脱离商业活动，把全部时间投入到科学研究中去。

莱特公司的办公室设在纽约市第五街 527 号的引人注目的日夜银行大厦里。飞机工厂设在代顿市。1910 年 1 月，阿尔杰兄弟的一位堂兄弟弗兰克·拉塞尔被指定为工厂的经理。他到达代顿市后便到原来自行车铺楼上的办公室去拜访莱特兄弟。由于他们的房间里无法再放下一张办公桌了，于是他到下街铅管商店后面租了间房子，在那儿建立起临时指挥部。据拉塞尔说，一两天以后，威尔伯提了满满一篮子信件到他那里，那都是一段时间来直接寄给莱特公司的信件。

"我真不知道你该怎么对付它们，"拉塞尔开玩笑似的对威尔伯说，"也许应该拆开它们，可是你拆开一封信，那就可能要回答它，那样一来，你就可能会发现自己被卷入永无休止的通信工作中去了。"

起先，莱特公司租了一家工厂的房间办公。没过多久，公司就开始兴建自己的一幢现代化厂房了。这座厂房将于1910年11月份竣工。他们雇用了一批机械师，并且能够每月生产大约两架飞机。

莱特兄弟很清楚，现在还没有到把飞机卖给私人以谋取利益的时候。收回投资，产生利润主要是靠进行公开飞行表演。在美国看过飞行表演的人相对来说还是很少的，成千上万的人都愿意观看这一奇迹——1910年还存在这种现象，几乎是令人难以置信的。

就在他们决定进行公开飞行表演的时候，莱特兄弟见到了航空先驱者、从托莱多来的年轻人罗伊·纳本舒。纳本舒在十几岁的时候就制造气球了，他成为美国第一个驾驶气球飞行的人。他一直对航空方面的问题有着浓厚的兴趣，因此他曾要一家报社凡是有关航空方面的报道都寄给他。用这个方法，他偶然读到了两个代顿市人进行过飞行的报道。

一种不可抗拒的好奇心驱使他前来拜访莱特兄弟。

莱特兄弟要纳本舒负责飞行表演方面的组织工作。纳本舒需要一位有能力的秘书和一位聪明的年轻小姐。梅布尔·贝克小姐担负了这项工作。她第一次被雇用时，看上去好像有点儿不安，唯恐自己的工作不会令人满意。可是很快，她就变成了一位非常出色的助手。她的工作如此之出色，以至于后来威尔伯选她协助自己工作，主要是对那些侵犯专利者进行诉讼方面的工作。威尔伯去世后，她又成了奥维尔的秘书，在这个位置上她一直工作到奥维尔生命的最后。

训练飞行员

　　就在纳本舒开始计划公开的飞行表演时，奥维尔已经开始训练准备驾驶飞机表演的飞行员了。表演的那架飞机当时也正在制造。霍夫曼草原还被莱特公司租用着，可是那儿因风太大已不适合飞行了，看来有必要在较暖和的地方找一块合适的地方进行飞行训练。这个被选中的地方就是阿拉巴马州的蒙哥马利市。

　　1910 年初，奥维尔到达蒙哥马利市后，在马克斯维尔草原上进行飞行试验，在这次飞行中，他获得了新的经验。当他飞到大约 457 米高度时，他发现自己无法把飞机降落下来。尽管如此，飞机还是头朝下飞，看上去同样是安全的。奥维尔相信地心的吸引力终将会使飞机降落到地面的。可他开始时没想通为什么飞机会降不下去。他的飞机在那个高度飞了将近 5 分钟，他感到困惑并近似于惊恐。后来，他突然想到飞机一定是在一个直径相当大的上升气流的旋流中飞行。毫无疑问，如果水平地驾驶飞机飞离这股上升的气流，他一定能很快就飞回地面了。

奥维尔训练的第一个飞行员是代顿市的瓦尔特·布鲁金斯。人们称他"小布鲁克"，他是获得这一荣誉的当然候选人，因为他还在 4 岁的时候就已经是奥维尔所宠爱的"小宝贝"了。奥维尔于 5 月 8 日离开蒙哥马利市，回到代顿市后，布鲁金斯自己也变成了飞行教员。"小布鲁克"训练了霍克西和克兰两名飞行员，因为他们以自己的魅力、愉快的性格以及洁净的衣着得到了老师的青睐。

　　奥维尔回到代顿市后，便在 1904—1905 年期间进行飞行试验的霍夫曼草原开办了一家飞行学校。在这儿，他训练了韦尔什和拉哈佩尔。

　　他训练的第一个飞行员布鲁金斯除了在蒙哥马利市训练了两名飞行员外，又在霍夫曼草原训练了约翰斯顿和科芬。那年晚些时候在这儿受训的两人是帕梅拉和特平。

　　奥维尔继续进行频繁的飞行，亲自试验每一件用于莱特飞机的新设备直到 1915 年（作为一名飞行员，他进行的最后一次飞行是在 1918 年）。

　　在霍夫曼草原，不少目击过飞行的人评论说，把奥维尔从其他飞行员中认出来是一件不难的事情，不管他是在地上还是在空中。为了飞行，学员们和教师们都穿着特殊的服装，戴着护目镜、头盔、防护手套等等，简直武装到了牙齿，只有奥维尔总是穿着普通的衣服。他也可能戴一副汽车司机的护目镜，把帽子推到后脑勺上。在冷天，他就把大衣的领子竖起来，除此之外他穿的服装就好像是要上街似的整洁。他在飞行的时候，人们也能通过他流畅、自然的飞行动作认出他来。当他想要试验飞行的操纵系统和稳定性的时候，他有时候会把飞机降下来，然后做急剧的"8"字飞行，在这时，机翼的翼尖可能离草地还不到几米高。

这时公众不再忽视霍夫曼草原上飞行的意义了。旅游者开始利用一切可能的借口尽量就近前来观看飞机。一天晚上，奥维尔正站在机库旁，一位旁观者慢慢向他走来。

"我在蒙哥马利市与奥维尔·莱特一起飞行过。"他宣称道，"他要我来这儿不必客气。"

这个人过去从来没有见过奥维尔，他把奥维尔当成一位雇员了。

1910 年 5 月在霍夫曼草原上的三次飞行是特别值得一提的。5 月 21 日，威尔伯做了一次短时间的飞行——1 分 29 秒，这是他自纽约加弗纳斯岛进行引起巨大轰动的飞行后单独进行的第一次飞行，同时也是他作为一名飞行员进行的最后一次飞行。5 月 25 日，他和奥维尔一起又进行了一次短时间的飞行——由奥维尔驾驶飞机——这是莱特兄弟两人同乘一架飞机飞行绝无仅有的一次。接着，奥维尔载着他的父亲米尔顿·莱特主教进行了第一次空中旅行，那时主教已经 82 岁高龄了（他活到 89 岁）。他们在空中飞了 6 分钟 55 秒。飞机绝大部分时间里都在 107 米的高度。莱特主教在空中说的唯一的话就是"高些，再高些"。

莱特公司的一连串飞行表演，平均每架飞机收费为 5 千美元。在印第安纳波利斯，一次飞行表演就用了 5 架飞机。这次表演，天气并不理想，可还是给观众们留下了深刻的印象。早些时候的另一次表演是在大西洋城进行的，就是在这儿，莱特飞机第一次安上了轮子，用于起飞和着陆。

在 1910 年芝加哥飞行表演的最后一天，布鲁金斯第一次作了长途飞行。这次飞行达 298 公里，终点是伊利诺斯州的斯普林菲尔德市。然而这并不是一次持续的飞行，布鲁金斯在中途曾把飞机降到一块玉米地里。他还要征得农场主的同意，在地里开出一条带状的跑道，以便让飞机起飞。

再创飞行纪录

纳本舒后来再次与麦考密克先生会谈，他们商定芝加哥市民委员会将在明年主办另一个有史以来最盛大的航空集会。

也就是在 1910 年，代顿市人民第一次看到了飞机环绕着这座城市的飞行。虽然有成千上万的人在霍夫曼草原的西姆斯航空站看见过飞机，可是在这飞机诞生的地方，过去竟没有人在家乡上空飞行，而是在 13 公里之外的地方飞行。9 月份，代顿市的一个协会要举行一个工业展览会。主持展览会的人们觉得还需要做点什么来引起人们的兴趣。他们问奥维尔是否能在西姆斯航空站起飞，然后围绕代顿市上空飞行，征得奥维尔的同意后，报纸报道了第二天将进行飞行表演的消息。这是一个激动人心的消息，全市人民竞相传递喜讯，莱特兄弟的妹妹卡特琳娜更是激动不已，本来她已动身去奥柏林参加一个大学的学会，她到达那儿的时候碰巧从报纸上读到了奥维尔的飞行日程表，于是她又马上赶回家来了。

奥维尔驾机围绕代顿市上空飞行的那天，全市的市民都站立在街道上或广场上引颈翘望，在熙熙攘攘的人群里爆发出一阵又一阵的欢呼声和喝彩声。莱特兄弟幼时的朋友们和邻居们尤其激动，他们仰望着奥维尔驾驶的飞机一圈又一圈地在家乡的上空飞行，欣喜若狂，称赞不已。

莱特主教抬头仰望自己的儿子从头顶掠空飞过，两行热泪夺眶而出，妹妹卡特琳娜也喜极而泣。

1910 年另一首创的事业是世界上第一架飞机用于商业快运服务。莫尔豪斯—马丁公司是俄亥俄州哥伦布市的一家百货公司，它要将一匹丝绸从霍夫曼草原运往哥伦布市东边的一个停车场，飞机飞完这 97 公里的距离，每 1.6 公里还用不到 1 分钟。考虑到飞机这么快的速度，"快运费"拟为 5 千美元或者为每磅丝绸 71.42 美元。一两天中，这家百货公司在交易中获得很大的利润，因为它把这匹丝绸裁成小块，作为纪念品卖给了顾客，毛利超过了 6 千美元。

1910 年 10 月底，莱特飞机在纽约的贝尔蒙特公园参加了一个大型的国际飞行比赛，参加比赛的其他飞机也由莱特公司发给了许可证。

这时，奥维尔将他的大部分时间都花在莱特公司所属工厂的发动机监制、管理上了。威尔伯却忙于对破坏专利者的起诉。1911 年 3 月，他到欧洲处理与法国莱特公司有关的诉讼案。离开法国后他又到了德国。

在德国时，他拜访过李林达尔的遗孀，向航空先驱者表示深切的敬意，当年正是他的事业鼓舞了莱特兄弟。

威尔伯回到美国后，奥维尔于 1911 年 10 月花了几个星期的时间待在基蒂霍克，打算进行一种自动控制设备的试验，他还用一架滑翔机做了高空滑翔。跟他一起住在营地的有英国的亚历克·奥格尔维，他也驾驶一架莱特飞机，此外还有奥维尔的哥哥洛林和洛林 10 岁的儿子"小家伙"。由于有一群报社记者自始至终成天守在奥维尔的营地，奥维尔从没有试验过新式自动装置。可是当他的高空滑翔结束以后，他于 10 月 24 日又创造了一项新的纪录，奥维尔滑翔了 9 分 45 秒钟（这项世界纪录直到 10 年之后才被德国人打破）。

也就是在同一年，即 1911 年，莱特公司创造了另一项飞行纪录。曾经在莱特学校接受飞行训练的卡尔·罗杰斯，在 9 月 17 日到 11 月 5 日之间进行了首次飞越大陆的空中旅行——从纽约起飞，降落在加利福尼亚州。

威尔伯早逝

由于采取新的商业路线，莱特公司从一开始就有可观的经济收益——尤其是在头一两年,飞机还是一个新奇的事物,他们签订了许多进行飞行表演的合同（如果不是莱特兄弟坚持不在星期天进行飞行的话，公司将有更多的收益）。可是后来飞行表演的生意越来越少了，这是侵犯专利的人们持续不断地进行非法竞争的缘故。这时莱特公司和美国陆、海军以及飞机的私人购买者的联系越来越多了。其他那些想通过拥有一架飞机来获得刺激和威望的人们也前来打听情况。飞机的零售价定为每架5千美元。

这样一来，飞机变得更加实用了。作为莱特兄弟发明的成果，他们接受了他们还不曾想到的报酬。虽然他们还不能称为大富翁，但他们是富有的。他们的钱使他们能够展望他们退休以后的生活以及两兄弟幸福地在一起进行科学研究的工作。事实上他们也确实是这样计划的，因为他们要在代顿郊区的奥克伍德村一片17英亩的树林里建立新的家。然而就在这时，灾难的日子降临了。1912年5月初，威尔伯刚刚和家庭的其他成员看过新住址不久,他就病倒了。开始时,人们以为他患的只是小病,事实却证明他得的是伤寒病。在保卫他和他弟弟的专利权的诉讼中,他日夜工作,终于积劳成疾,心力交瘁。他已无力再跟病魔交战了。他日夜高烧不退,全身疼痛,腹泻越来越厉害,不论杰出的医学专家怎样进行多方的抢救,威尔伯在病了三个星期后,终于在1912年5月30日——星期四的上午去世了。他只活了45年零44天。

威尔伯英年逝世的噩耗传出以后,举国上下莫不为这位毕生献身于飞行事业的伟大的发明家深表哀悼。成千上万的唁电和慰问电从世界的东、西半球像雪片似的飞来,其中有许多电报是各国首脑、政府要人发来的。

莱特主教在他的日记里这样记叙了威尔伯:"他有着无穷的智慧与平和的性情,他非常的自信又非常的谦虚,他目标清晰而又步伐坚定,他是这样活着和死去的。"

他的妹妹卡特琳娜说:"威尔伯哥哥,择定了目标,怀着理想,终于创造了历史。"

他和弟弟在1903年第一次成功地将动力装置搬上滑翔机,完成了人类飞行于天空的壮举,对后世的影响深远,永受世人的怀念和景仰。

哥哥的去世给弟弟心灵的打击是巨大而沉重的。

奥维尔和哥哥威尔伯自幼相处在一起,彼此有相同的爱好,共同的理想,放风筝、做广告、办报纸、开印刷厂、建立自行车铺、悉心研究滑翔机、制造动力飞机、载人升空、成立莱特公司，几十年的往事一一浮上奥维尔的心头。他好像看见亲爱的哥哥穿着平常的工作服，头戴便帽，脚蹬半高皮靴，从容不迫地坐进莱特飞机的驾驶座上。飞机的引擎发动了，螺旋桨旋转了，机身迅速向前滑动，一会儿机身腾空，冲向了天空。哥哥驾驶的飞机一会儿冲入高空，隐没在云层里；一会儿又穿云而出，像雄鹰骄傲地翱翔在蔚蓝的天空中。地上人潮汹涌，欢声雷动，盛况空前……如今，哥哥却撒手离他而去，真是悲痛难忍！

在威尔伯死前二十多天，他是这样分配他的遗产的：将其中的 5 万美元分给他的两个哥哥和一个妹妹；1 千美元给他父亲"用于补贴安逸生活和娱乐方面的特殊开支"。

所有剩下的钱，他留给了弟弟奥维尔："在童年时代和成年以后，我们有着共同的希望和共同的事业。要是我们不能在一起一直生活到老年的话，我相信他将会用一贯的方式使用这笔财产。由于这个原因，我就不把这笔遗产用于慈善事业了。"

继承事业

奥维尔强忍悲恸，继承了哥哥的莱特公司董事长的职务，决心完成哥哥未完成的事业。

1913 年 6 月，在哈得逊—富尔顿飞行表演时就结识了威尔伯的一个年轻人格罗弗·洛宁以工程师的身份来到了莱特公司，后来他成了飞机工厂经理。洛宁获得了在美国的大学里第一个研究航空科学的荣誉。

1913年年初，代顿地区出现了有史以来最严重的洪涝灾害，莱特公司的商业业务也变得十分困难了。莱特飞机工厂虽然没有被洪水所淹没，可是许多工人为洪水所阻隔，不能到工厂上班。在成百上千幢被洪水淹没的房屋中也包括莱特兄弟在霍索恩街的那个家。对奥维尔来说，最严重的损失是反映他和威尔伯飞行进步的大量摄影底片被毁坏了。万幸的是他们第一次驾驶有动力的飞机飞行成功的那张著名的照片的底片被损害得还不算严重。

1913年，为了德国一桩与专利诉讼案有关的商业业务，奥维尔在他妹妹的陪伴下作了最后一次欧洲之行。几乎与此同时，他同意建立英国的莱特公司。威尔伯死以前曾经有机会在英国建立一个公司，可是奥维尔打消了这一想法，因为从作为发起人的英国贵族的提议来看好像纯粹是为了推销股票。英国公司后来终于建立了，不过它本身并不制造飞机，而是发放使用莱特专利权的证书。公司成立一年后，英国政府迫于压力，不得不付给莱特公司一部分钱，作为英国政府到那时为止使用莱特专利以及今后使用这一专利的报酬。这笔款项的数额是不小的，这一问题的解决受到英国各界知名人士的普遍欢迎。其中诺思克利夫对专利所有者的这一部分权力表现了慷慨的态度，他近乎完全承认了莱特兄弟发明的飞机是世界上最早发明的飞机。

这时，莱特公司收到了许多学习飞行的申请，这些申请超过了他们的培训能力，甚至还有几名年轻妇女也希望能够成为飞行员。

早期的两位有能力的飞行学员在航空事业上作出过巨大的贡献。一个是托马斯·米林，就是后来美国陆军航空兵团的米林将军。另一个是亨利·阿诺德，就是第二次世界大战时的那位赫赫有名的阿诺德五星上将，二战期间历任美国陆军航空兵司令、陆军副参谋长、陆军航空队司令。

也有一个不走运的飞行学员，他是 1912 年开始在莱特飞行学校受训的。这个人成为美国最优秀的飞行员。他很有钱，给自己买了一架飞机，在费城附近他自己的地产区进行免费飞行表演，他还做过各种各样的特技飞行。1917 年，当美国加入第一次世界大战的时候，这位年轻的优秀飞行员拒绝进行征兵登记，这样他成了臭名昭著的逃避兵役者。这个人就是格罗弗·克利夫兰·伯格多尔。他原先买的那架莱特飞机今天还在费城的富兰克林研究所展出。人们相信这是现存的唯一一架真正的原型机了——莱特公司制造的第一架原型机。

1914 年，奥维尔买下了除他的好朋友罗伯特·科利尔以外莱特公司所有其他股东手上的股票。

名垂史册

专利诉讼案

　　莱特兄弟发现拥有专利权还不足以对付那些侵犯专利者。确实，在专利办公室，他们的技术细节都被记载在文件里，任何想进去查阅的人都可以进去查阅。这在某种程度上给那些想剽窃发明家的成果的人们以很大便利。只有法庭的决议才能决定发明者的申述是正确的，可是法院的工作效率极低，而且诉诸法律又需要花很多钱，除非他们运气好——意识到侵犯专利者从他们的发明中窃走了一大笔钱，否则莱特兄弟绝不会把这事放在心上的，他们也可能不会进行这种战斗。而这场战斗终于使他们得到了世界的承认：他们是第一个成功地设计出飞机的人。

　　在美国，在反对侵犯专利者的十二个诉讼案中，莱特兄弟获得了全胜。在法国和德国，也各有大约一打侵犯专利者卷入了诉讼案。在美国，大多数诉讼案都没有超过第一步，即侵犯专利者在受到第一次警告后就没有再继续干下去了。可是有 3 个案情比较严重。一个是法国飞行员，名叫波尔汉，他打算用一架在法国制造的飞机在美国进行飞行表演。另一个是英国飞行员，叫怀特，也是用侵犯了莱特专利制造的飞机在美国进行飞行表演。最为严重的是关于赫林—柯蒂斯公司和格伦·柯蒂斯的诉讼案。这场官司引起了激烈的争论，并且上诉到联邦法院。这是 1909 年，由莱特兄弟提出上诉的，随后不久建立的莱特公司接替莱特兄弟作了原告人。

由于这一案子牵涉到航空史，这就有必要查查莱特兄弟和柯蒂斯之间的历史背景。莱特兄弟与柯蒂斯打交道始于 1906 年 5 月，那时他给莱特兄弟写信，说自己是轻型发动机制造商。1906 年 9 月初，柯蒂斯与著名的飞艇驾驶员——鲍德温上尉一同访问了莱特兄弟的办公室和工厂。

他们四人友好地相聚了几天。柯蒂斯向莱特兄弟询问了许多有关飞机制作的问题。莱特兄弟都不厌其烦地予以回答。莱特兄弟自始至终像小学生一样坦诚，而且完全信任他们，还热情地拿出自己过去两年中在霍夫曼草原飞行时拍下的许多照片给对方看。柯蒂斯看来是十分惊讶的。他说他第一次接受了人类能够驾驶飞机飞上天空这一事实。

1907 年 10 月，亚历山大·贝尔和其他人发起成立了一个叫航空试验协会的组织，柯蒂斯成了协会的"试验主任"，除了制造发动机以外，他第一次直接与航空事业沾了边。三个月后，他在给莱特兄弟的一封信里解释道：

莱特兄弟纪念章

他的主要兴趣所在仍然是发动机而不是航空。他在列举和描述了他制造的各种发动机后，提议"免费"向莱特兄弟提供一台 55 马力的发动机。他的提议没有被莱特兄弟接受。那封信还提到鲍德温上尉是"这家公司里的固定工作人员"。

收到柯蒂斯的信两个星期后，也就是 1908 年 1 月 15 日，莱特兄弟收到了航空试验协会的一封信，署名是协会秘书塞尔弗里奇中尉（他几个月后死于迈尔堡悲剧性的航空事故中）。在信里，他代表协会写道：

> 我冒昧地给你们写信，想就与滑翔试验或者说是滑翔机制造有关的问题征求你们一些意见。我们在上个星期一已经开始了这方面的工作。
>
> 请你告诉我在弯曲翼面和飞机升力中心的移动方面你们取得了哪些成果。
>
> 还有，有何有效的方法使翼肋制造得又轻巧且又刚硬，在一般条件下能保持自身的弯曲度，用什么办法把它们与蒙布和桁架上侧的绳索相连接？

莱特兄弟以为这些知识只会被用于科研的目的，因而立即热情地给予了答复：

> 你们可以从西部工程协会 1901 年 12 月和 1903 年 8 月的协会杂志上发表的威尔伯·莱特先生的演说

稿里找到你们所需要的资料。

当迎角从 90 度向较小迎角变化时，飞机的气压中心是从 90 度的位置开始向机翼前缘方向移动，而在曲翼面上，随着迎角的减小，气压中心大致从 90 度时的位置向前移动，直到减小到临界角后，随着迎角的继续减小，气压中心反过来向后缘移动，临界角也是因弯曲度不同而不同的，不过一般是在 12 度到 18 度之间。滑翔时所使用的迎角，其气压中心是在翼面的几何中心和前缘后面三分之一的点之间移动。

我们制造滑翔机的方法在 1903 年的《科学周报》上夏努特先生的一篇文章里有过全面的记述，在我们的美国专利（第 821、393 号）说明书上也有详细记录。

我们滑翔机上的翼肋是用枔木，经蒸汽加热后弯曲成型的。

几天以后塞尔弗里奇回信说他已经得到了一份莱特专利的复本，还将努力去找莱特兄弟提供的其他参考资料。这些资料一定对航空试验协会那个夏天的工作很有用处，"试验主任"柯蒂斯造了一架名叫"六月臭虫"号的动力飞机。1908 年 7 月 4 日，他在哈蒙兹波特进行了一次飞行。这次飞行使那些不了解航空试验协会的人们对它信服了。

就在"六月臭虫"号飞行的消息登出不久，报纸上又登出了航空试验协会解散的声明，而柯蒂斯打算今后从事于飞行表演的工作。这一消息促使奥维尔给柯蒂斯写了一封信，"我们当然不打算允许使用得到专利权保护的具有我们飞机特点的飞机去进行表演或者其他商业活动。"

然而在后来的几年里，柯蒂斯成立了一个商业公司——赫林—柯蒂斯公司，专门制造飞机和进行飞行表演。

1910 年 1 月 3 日，纽约布法罗的联邦巡回法庭的法官黑兹尔签发了一个针对赫林—柯蒂斯公司和柯蒂斯的临时禁令，防止他们继续窃取莱特专利。

1910 年 2 月，纽约的联邦巡回法庭的法官汉德签发了一项禁令：禁止法国飞行员波尔汉在美国进行飞行表演，除非他交纳一笔总数达 2.5 万美元的赔偿费。法庭还宣布不管被告使用的是布莱里奥还是法尔芒飞机，都侵犯了莱特的专利权。

直到 1914 年 1 月 13 日，美国巡回法庭才宣布了关于莱特兄弟对柯蒂斯起诉的决议，这个决议对莱特公司是有利的。

尽管鲍德温上尉同柯蒂斯关系亲密，他还是衷心地赞同法庭关于莱特—柯蒂斯一案的最后裁决。他说："如果不是莱特兄弟为我们解开了航空之谜，我们之中谁也不能飞离地面，现在是我们应该承认这一事实的时候了。""我要公开说，莱特兄弟完全有资格获得他们终于获得的权利……"

莱特兄弟在巡回法庭上取得了对柯蒂斯的重要胜利——因为莱特兄弟是航空艺术的先驱者。

在德国和法国的最高法院，莱特兄弟也打赢了专利诉讼官司。德国法院在其口头裁决中评论道：莱特兄弟发明的后方向舵，与其说是一个平衡装置，不如说是一个操纵装置，为此他们理应获得一个基本专利权。

我们不必过多地谈及各种专利案件的细节，重要的是莱特专利在美国和欧洲的法庭都得到了承认。直到今天，在世界各地飞行的每一架飞机都使用了莱特兄弟最早发明和制造的装置。

这些专利诉讼案对每一位有关的律师和法官来说都是一项非常棘手的工作，因为航空是一个崭新的领域，它的技术名称超出了几乎每个人的知识范围。这就好像每一名律师和法官在工作进程中都不得不学习一门新的语言以便掌握航空工程方面的理论。

在对一名外国飞行员起诉时，威尔伯被召出庭解释当一架飞机进行圆圈飞行时它的方向舵的作用和操纵问题。威尔伯拿起一根绳子和一截粉笔走到黑板跟前，他向法官讲解当一架飞机转弯时，其方向舵上的压力与进行同样转弯的一艘船或一架飞艇方向舵上的压力相比，飞机方向舵上的压力作用在船或飞艇方向舵相反的一侧。

在那一天休庭时，法官发布了一项临时禁令。被告的律师希恩忧郁地说："假如不是莱特和那一根该死的绳子，我们本来是会赢的。"

威尔伯还论述过有关飞行员的观察是否准确问题。为了说明大多数人不能准确地观察自然现象时，他拿骑自行车的人举了一个事例。

"我问过 12 名骑自行车的人，"威尔伯说，"他们的自行车是怎么向左转弯的。从来没有一个人在我第一次问他时能够正确地说明这个问题。他们几乎众口一词地说向左转就是把自行车头向左转过去，自行车跟着也就转过去了。可是再继续问下去，有些人会同意他们首先把自行车的把手向右转一点儿，当自行车向左倾斜时，他们再把车头转向左边，自行车就向里倾斜转过去了。对一个研究科学的人来说，这是很清楚的。

"如果人们开始时不把自行车龙头转向右边，而直接将龙头转向左边，那样自行车就会脱离骑者，而骑者自己会朝着原来的方向继续头向前地冲出车子。我发现许多人都不曾注意过最初将车龙头转向右边这一事实。

"在同我共过事的飞行员中，我也发现有过同样的情况。有的人几乎不能感觉到飞机是上升了一点儿还是下降了一点儿，或者是向右还是向左滑翔了一段距离。注意这些事物（甚至是极细微的差别）的能力是区别出色飞行员和初学者、天生的飞行员和那些永远也不能驾驶飞机的人们的主要手段。"

莱特兄弟打赢了所有的侵犯他们专利权的官司，他们还得到了事实证明是有用的专利权税。

为人类航空事业的一生

在代顿市的郊区，有一座古香古色而带有英格兰风格的砖造两层楼房，它被大可合抱的树木簇拥着，益发显得青翠欲滴，生机勃勃。

年近七十的奥维尔，雇了几个佣人，独身住在这座房子里，享受着一种宁静安详的生活。

代顿市因莱特兄弟而闻名于世，1920 年奥维尔是第一位获得该市荣誉市民殊荣的人。这样一来，各种各样的应酬也就纷至沓来。人们都知道莱特这对兄弟一向不喜欢炫耀、卖弄，然而大家还是争相请求奥维尔签名、留影，以获得他的签名或照片为荣。奥维尔除了应酬一下为地方服务的场合外，多半谢绝一些无谓的邀请。他将时间用在自己的研究工作里。他知道自己剩下的时间不多了，应抓紧时间把过去与哥哥一起研究的未曾发表的一些公式、理论，一一予以汇集整理，做有系统的叙述，以便流传下来。因此他依然非常忙碌。

他经常步行到过去的工作场所缅怀昔日的年华。那里是他们弟兄二人从事飞行研究和实验的地方，保存着当年的各种机械、模型、书籍资料等。他们就在那里发现许多飞行原理，计算出无数的公式，做过难以计数的实验，创造发明了"莱特的升降舵""莱特操纵系统""风洞"等等。他们在这里推翻了历代著名科学家研究的关于大气对机翼的压力的错误数据，采用风洞试验得到一整套科学数据，从而能够制造出第一架真正实用的动力飞机……总之，莱特兄弟就在这简陋不堪的工作间创造出不朽的业绩。当年他们埋头于飞行研究时，人们根本不予重视，甚至讥为疯狂行为；现在他们成功了，他们的飞机、他们的飞行表演震惊了全世界。

奥维尔晚年时，经常有记者、出版商千里迢迢慕名而至，极力劝说奥维尔以回忆录的方式来撰写兄弟俩三十多年来的研究、发明、制造飞机的艰难历程，以及目前的感想和希望，将来流芳百世。奥维尔总是以谦逊的口吻，微笑着回答这些记者们："说来惭愧，我们兄弟俩自幼喜欢搞机器，在一个偶然的机会里，启发了对飞行的憧憬和兴趣，就这样，一步步推演下去。我们实在很平凡，不敢自诩有多大的成就。"说到这里，他叹了一口气，"我们发明创造飞机是为了递送邮件或用作交通工具，却万万没有想到，在世界大战中，飞机竟成了杀人的工具。这件事实在令我痛心不已！我想，长眠于地下的哥哥一定也于心不安。"

但是有的出版商仍然锲而不舍地敦促奥维尔同意撰写传记。

奥维尔只好语气婉转、态度甚坚地说："这件事，我感到很为难,原因是很多当事人如今还健在。如果要我写的话,就不能凭空杜撰,必须绝对真实。可是这样一来,很可能要得罪很多人,所以以后再说吧。”

世人不仅对他们的伟大发明,对全人类的巨大贡献景仰不已,而且对他们朴实无华、谦虚谨慎的品德钦佩万分。

1947 年,也就是奥维尔去世的前一年,美国最大的一家航空公司——泛美航空公司特邀奥维尔乘坐该公司的一架豪华客机升空游览。

朵朵白云急速地在窗外掠过,飞机极其平稳地在高空翱翔。机舱内设有冷热调节设备,铺有精美的地毯,座位舒适而华丽。

“莱特先生,感觉如何?”一位随从恭敬地问道。

“至少我的‘莱特一号’机不能和它相比。”奥维尔幽默地答道。

“没有您的一号机试飞成功,怎会有今天我们这些飞机?”

“你们现在的发动机是多少马力?”奥维尔依然对机械感兴趣。

“3000 马力。”

“哦! 3000。我们公司在十几年前的产品,只有你们的十分之一。”

“莱特先生,这是渐进发展而来的,您仍然是前辈。”

接着奥维尔被领到驾驶前舱去参观。那里大大小小几十个仪器，指示器，真是看得人眼花缭乱。

奥维尔感叹道："飞机制造业发展得真快，眼前这许多复杂的仪器真叫我有点头昏目眩。回想当初我只靠一个风速计就飞上了天，真有点不可思议。"

"哪里的话？现在的飞机虽在机械装备和安全舒适等方面比以前先进了，可制造飞机的原理是一样的，所以说，莱特先生的贡献，永远受人尊敬和怀念。"驾驶员激动地说。

奥维尔幸福地笑了，他看到自己和哥哥耗费几十年的心血，将自己全部的时间、全部的精力和全部的金钱都贡献在飞行事业上，呕心沥血、历尽艰辛，终于发明制造了动力飞机。而今天的飞机制造业不仅后继有人，而且发展之神速到了惊人的地步。他由衷感到莫大的幸福，莫大的欣慰。

1947 年的冬天，气候异常的寒冷。奥维尔大部分时间是卧病在床。

许多朋友闻讯而来。

奥维尔虽经医生尽心诊治，但毕竟已有 77 岁的高龄，终于在 1948 年 1 月 30 日与世长辞。

航空界一颗巨星陨落了。美国举国上下一片悲哀，许多国家悬挂半旗志哀。人们深深地怀念这位航空史上伟大的先驱者和发明家！